ANDREAS GÖSSLING

DIE MÄNNLICHKEITS-LÜCKE

Meinem Sohn Simon gewidmet

ZS DEBATTEN
Das Sachbuch im Zabert Sandmann Verlag.
Eine Kooperation der ZS Verlag Zabert Sandmann GmbH
und der Elisabeth Sandmann Verlag GmbH.
www.zsdebatten.com

Umschlaggestaltung: ZERO Werbeagentur, München
Innenlayout: Werner Kopp
Herstellung: Karin Mayer, Peter Karg-Cordes
Druck und Bindung: GGP Media GmbH, Pößneck

1. Auflage 2008
ISBN: 978-3-89883-199-4

ANDREAS GÖSSLING

Die Männlichkeits-Lücke

Warum wir uns um
die Jungs kümmern müssen

ZABERT
SANDMANN

Inhalt

Eines Abends hat der Vater eine Vision. Gott der Herr erscheint ihm und befiehlt: »Nimm deinen Sohn, deinen einzigen, den du liebst, und bringe ihn mir als Brandopfer dar.«
Im Morgengrauen steht der Vater auf, weckt den Jungen und weist ihn an, ihm zu einem einsam gelegenen Berg zu folgen. Der Sohn muss das Feuerholz schleppen, der Vater steckt sich das Messer in den Gürtel, das er immer zum Abschlachten von Opfertieren verwendet.
»Wo ist das Lamm für die Opferfeier, Vater?«, fragt der Junge.
»Gott wird es weisen, mein Sohn.«
Als sie den Berg erreicht haben, befiehlt er dem Kleinen, das Holz auf einem Altarstein aufzuschichten. Noch immer ist der Junge arglos, denn er weiß ja, dass der Vater ihn mehr liebt als alles auf der Welt. Doch sowie er mit dem Feuerholz fertig ist, fesselt ihn der Alte an Händen und Füßen und legt ihn auf den Holzstoß, wie er es sonst mit den Opfertieren macht.
Was tust du mit mir?, will der Junge fragen und bringt kein Wort heraus. Der Vater scheint in sich hineinzuhorchen, während er sein Messer aus dem Gürtel zieht. Er hebt die Waffe, nähert sie der Kehle des Sohnes – und lässt sie im letzten Moment wieder sinken. »Dank, Dank, Herr«, hört der Kleine ihn stammeln, »dass du mir meinen Sohn nicht genommen hast. Doch wenn du es befiehlst, will ich ihn jederzeit für dich schlachten.«

Einleitung: Krise der Söhne – Schuld der Väter?

Die »Krise der Jungen« ist nicht mehr zu übersehen. Landauf, landab debattieren Praktiker und Wissenschaftler über Förder- und Lösungsmodelle. Aber je mehr Studien über »Neue Wege für Jungs«[1] veröffentlicht werden, desto verworrener scheint die Lage. Und während viel geredet wird und wenig geschieht, vergrößern sich die Probleme unserer Söhne.

- *Sonder-eingeschult*: Bereits beim Schulstart ist für etliche tausend Kinder jeden Jahrgangs das Rennen um gute Abschlüsse gelaufen. Dreieinhalb bis viereinhalb Prozent der Sechs- bis Siebenjährigen werden statt in die Grund- in eine Sonderschule eingeschult. Betroffen sind regelmäßig mehr als doppelt so viele Jungen wie Mädchen – und zwar gleichgültig, ob man nach Bayern (3708 zu 1380), Niedersachsen (1945 zu 938) oder Brandenburg (416 zu 207) schaut. Im Jahr 2003 waren 61 Prozent der Kinder, die Schulen für Lernbehinderte besuchten, Jungen.[2]
- *Leistungstief*: Auch in den anderen Schulformen fallen Jungen und männliche Jugendliche gegenüber den Mädchen immer weiter zurück. Im Jahr 2005 waren 55,9 Prozent aller Hauptschüler, aber nur 46,1 Prozent aller Gymnasiasten Jungen. Fast doppelt so viele Jun-

gen (10 Prozent) wie Mädchen (5,8 Prozent) verlassen die Schule ohne jeden Abschluss.

- *Background bedeutungslos*: Dieser Befund ergibt sich auch dann, wenn man Schülerinnen und Schüler mit Migrationshintergrund herausrechnet. 2003 waren 22,3 Prozent der erfolgreichen Abiturienten Jungen ohne Migrationshintergrund, gegenüber 29,8 Prozent Mädchen ohne anderskulturellen Background. Dagegen betrug das Verhältnis bei den Hauptschulabsolventen 27,9 zu 21 Prozent. Betrachtet man die Migranten und Migrantinnen für sich, ergibt sich ein sehr ähnliches Bild – die Problematik scheint also kultur- und schichtübergreifend zu bestehen.
- *Arbeitslosigkeit*: Aus schlecht ausgebildeten Jungen werden häufig arbeitslose Jugendliche. Nach Angaben der Bundesagentur für Arbeit waren 2005 um 40 Prozent mehr männliche als weibliche Heranwachsende erwerbslos gemeldet. 15 Jahre vorher waren beide Zahlen noch annähernd gleich – seitdem vergrößert sich die Differenz zuungunsten der Jungen kontinuierlich.
- *Krankheit*: Jungen sind hierzulande erheblich häufiger und schwerwiegender krank als Mädchen. Beim ADHS-Syndrom und fast allen psychologischen und psychiatrischen Störungen sind sie überrepräsentiert. Bei Magen- und Darmgeschwüren beträgt das Verhältnis sogar 6:1.[3]
- *Gewalttätigkeit*: Von Jungen und jungen Männern zwischen 14 und 24 Jahren geht mehr und schwerere Gewaltkriminalität aus als von jeder anderen Bevölkerungsgruppe. Laut Polizeilicher Kriminalstatistik des Jahres 2006 waren fast zwei Prozent der 16- bis 20-jährigen männlichen Jugendlichen hierzulande tatver-

dächtig. Jugendgewalt ist weitgehend Jungengewalt: 98 Prozent der Täter wie auch der Opfer sind männlich.

- *Gewalt kein Randgruppenproblem*: Das Gewaltproblem ist ethnien- und schichtübergreifend: Jungen mit Migrationshintergrund und/oder aus sozial schlechter gestellten Familien sind bei schwerer Gewaltkriminalität überproportional vertreten, aber während die Gewaltkurve bei jungen Deutschen ansteigt, sinkt sie bei jungen Migranten. Insgesamt sind diese nicht eindeutig gewalttätiger oder delinquenter als Jungen mit deutschem Background.[4]

Unübersehbar macht uns eine ganze Reihe von Problemgruppen zu schaffen, die ein gemeinsames Kennzeichen haben: Sie bestehen aus schlecht ausgebildeten und entsprechend frustrierten jungen Männern. Rechtsradikale rekrutieren ihre Schlägertrupps weitestgehend aus diesem Pool – und gerade in einigen ostdeutschen Regionen, aus denen sich die besser ausgebildeten jungen Frauen mehrheitlich gen Westen abgesetzt haben, wächst die Riege der Verbitterten rasant. Aber auch Hooligans – also Schlägertrupps, die sich mit Anhängern »gegnerischer« Fußballvereine regelrechte Schlachten liefern – gehören weit überwiegend zu der wachsenden Gruppe erwerbs- und perspektivloser junger Männer; ebenso die oftmals noch minderjährigen »Intensivtäter«, die vornehmlich in den Städten mit scheinbar unmotivierten Gewalttaten Angst und Schrecken verbreiten.

Nicht wenige dieser Einzel- oder Kleingruppentäter haben einen Migrationshintergrund oder stammen aus den sogenannten Unterschichten. Doch das Problem reicht weit darüber hinaus: ADHS – auch Zappelphilipp-

Syndrom genannt – ist eine besonders auffällige unter den vielen Entwicklungsstörungen, von denen gerade Jungen aus gutbürgerlichen Familien häufig betroffen sind. Was Schule und Familie von ihnen erwarten, können sie offenbar nicht leisten oder mit ihrem Selbstbild vereinbaren – und so flüchten sie in Krankheit, innere Emigration, oftmals auch in den Suizid.

Derlei Krisensymptome alarmieren mittlerweile nicht mehr nur Mütter und Väter, Erzieher und Lehrer, Psychologen oder Sozialpolitiker, sondern ebenso die deutsche Wirtschaft. Denn während immer mehr jungen Männern der Zugang zu höherer Qualifikation und zum Arbeitsmarkt versperrt bleibt, zeichnet sich bereits heute ein Mangel an Fachkräften in typischen Männerberufen wie Ingenieur oder Informatiker ab. Gerade eine rapide alternde Gesellschaft wie die unsere kann es sich schlichtweg nicht leisten, 20 Prozent des männlichen Teils einer ganzen Generation ins soziale Abseits zu schicken – ganz zu schweigen von unserer moralischen Pflicht, immer aufs Neue für Chancengerechtigkeit zu sorgen. Auch für Mädchen und junge Frauen ist es von Interesse, dass die Jungen hierzulande nicht in immer größerer Zahl auf der Verliererstraße landen, den Lockrufen gewalttätiger Randgruppen erliegen, sich in den Fallstricken von Krankheit oder Depression verfangen – schließlich müssen und wollen sie mit ihnen zusammenleben.

Die Probleme unserer Jungen haben zweifellos allgemeingesellschaftliche Ursachen, und sie sind komplex. Ich bin jedoch davon überzeugt, dass sie im Kern um ein nicht mehr zeitgemäßes Vaterbild kreisen. Es ist über viele Generationen entstanden und hat sich zu einem überkommenen Männlichkeitsverständnis verfestigt, das heute überall und noch immer von den Vätern an die Söhne vermittelt wird und unter dem unsere Jungen leiden. Von klein auf – zu Hause, im Kindergarten, in der Schule – entwickelt sich so eine falsch verstandene Männlichkeit. Sie führt die Jungen schon früh nicht nur auf Kollisionskurs mit den Erziehungsinstitutionen, sondern beeinträchtigt auch ihr geistiges und seelisches Wachstum. Wir müssen die Ursachen der Probleme unserer Söhne genau verstehen lernen – kulturgeschichtlich, entwicklungspsychologisch, gesellschaftlich –, um sie dann anzupacken und zu lösen. Zu beidem möchte ich mit diesem Buch einen Beitrag leisten.

Denn wenn wir es nicht bald schaffen, unsere Jungen von der Verliererstraße zu bringen, werden die damit verbundenen Probleme unser Sozialgefüge noch nachhaltiger erschüttern, als sie es ohnehin schon tun; sie werden unsere Volkswirtschaft beschädigen, und sie werden das Zusammenleben von immer mehr Männern und Frauen hierzulande belasten.

I.
Der Vater – eine Erfindung mit wechselnden Inhalten

Zeugen, um zu opfern – das Abraham-Paradox

Die skandalöse Szene vom Anfang dieses Buchs ist der Genesis des Alten Testaments entnommen und stammt damit auch aus den frühen Zeiten unserer Kultur. Der opferbereite Vater ist Abraham, den die drei abrahamitischen Weltreligionen Judentum, Christentum und Islam bis heute als ihren Stammvater verehren. Der Herr im Himmel, der die Knabenschlachtung befiehlt und seine Weisung im letzten Moment widerruft, ist der allmächtige Gott unserer jüdisch-christlichen Kultur.[1]

Die Botschaft der viele Tausend Jahre alten Geschichte lässt sich kaum missverstehen: Ohne Zweifel liebt Abraham den kleinen Isaak mehr als alles auf der Welt – aber seine väterliche Fürsorgepflicht gegenüber dem Sohn wiegt weit weniger als seine Sohnesschuld gegenüber seinem eigenen »himmlischen Vater«. Denn der Einzelne zählt nur als Werkzeug des großen Plans.

Worin besteht dieser Plan? Auch hierüber lässt uns der biblische Bericht nicht im Zweifel. Als der alttestamentarische Gott seinen »Bund« mit Abraham schließt, verspricht er ihm: *Du wirst Stammvater einer Menge von Völkern. Ich mache dich sehr fruchtbar und lasse Völker aus dir entstehen; Könige werden von dir abstammen* (Gen 17, 5–7).

Es geht also um Vermehrung, Macht und Sieg des Stammes, der »Völker«, die aus dem Samen des »Stammvaters« entstehen sollen. In den Dienst dieses Plans sollen sich der Urvater selbst und seine männlichen Nachkommen stellen. Das Sohnesopfer hat Gottvater befohlen, um den Gehorsam Abrahams zu prüfen. Und nachdem der die Probe bestanden hat, weitet der Herr im Himmel sein Versprechen nochmals aus: *Deine Nachkommen sollen das Tor ihrer Feinde einnehmen* (Gen 22, 17).

Da der Stamm nach patriarchaler Überzeugung nur in männlicher Linie, also durch den Samen der Söhne wachsen kann, werden diese bevorzugt und behütet – notfalls aber muss der einzelne Sohn für den großen Plan geopfert werden, weil es letztlich allein auf Wachstum und Aufstieg des Stammes ankommt.

So muss Isaak zwar nicht auf dem Altar im Lande Morija sein Leben lassen – schließlich ist er Abrahams einziger legitimer Sohn, ohne ihn könnte es mit der Vergrößerung des Stammes also nichts werden. Gleichwohl ist zu diesem Zeitpunkt längst beschlossen, die Nachfahren Abrahams zumindest im übertragenen Sinn zu opfern. Denn bevor aus Abrahams Lenden zu guter Letzt *Könige hervorgehen* werden, müssen sich Generationen von Nachkommen für den großen Plan schinden und wenigstens auf ihre Freiheit und ihr persönliches Lebensglück verzichten. *Deine Nachkommen werden als Fremde in einem Land wohnen, das ihnen nicht gehört* – auch das sagt Gottvater seinem folgsamen Sohn voraus. *Sie werden dort als Sklaven dienen ... Erst die vierte Generation wird hi[illegible] zurückkehren.* (Gen 15, 13–16)

Es ist ein groß angelegtes Projekt, das mit herrschaftlicher Willkür das Gelingen des Ganzen über das Glück der Einzelnen stellt. Wie vom Stammvater verlangt der Plan auch von dessen Nachfahren über Generationen hinweg die bedenkenlose Opferung ihrer Söhne. Nur so kann das übergeordnete Ziel erreicht werden: der Aufstieg der rechtgläubigen Völker und in der Folge unserer gesamten abendländischen Kultur.

Hätte sich der biblische Abraham damals dem göttlichen Plan verweigert, so lebten wir heute in einer gänzlich anderen Welt. Doch der alttestamentarische Ahn war trotz seines Greisenalters vor allem anderen ein fügsamer Sohn – bereit, die eigenen Vaterpflichten beiseite zu schieben, sobald sie mit seiner Gehorsamsschuld als Sohn in Widerspruch gerieten. Dieses Abraham-Paradox hat über Jahrtausende hinweg Denken und Handeln der abendländischen Männer bestimmt. Als strenge und fürsorgliche Väter erzogen sie ihre Söhne zu traditions- und pflichtbewussten Erben. Doch sobald höhere »väterliche« Instanzen es befahlen, verwandelten sie selbst sich in willfährige Söhne und opferten ihre Nachkommen auf den Schlachtfeldern der Kaiser und Könige, der Tyrannen, Diktatoren und sonstigen Himmels- oder Landesväter. So hatte die väterliche Fürsorglichkeit in unserem Kulturkreis von Anbeginn auch eine dunkle Seite, die durch alle Vaterliebe hindurchschimmerte und ihr einen zutiefst beunruhigenden Unterton verlieh. Diese Liebe meinte nicht den einzelnen Sohn, das Kind mit seinen individuellen Hoffnungen und Sorgen – oder jedenfalls nur vordergründig und bedingt. Ob einer von ihnen möglicherweise andere Lebensziele hatte, spielte keine Rolle – aus der Sicht des Vaters waren die Söhne weniger eigenständige Individuen als Bestandteile einer personen- und generationenübergreifenden Vatermaschinerie. Auf ihre Fruchtbarkeit und soldatische Folgsamkeit kam es an, auf sonst nichts.

Auf ähnliche Weise werden Individualität, Wahrnehmung und Lebenschancen der Jungen noch in unserer heutigen Gesellschaft durch das »Abraham-Paradox« beeinträchtigt: Noch immer ziehen wir unsere Söhne überwiegend so auf, als ob ihr alleiniger Lebenszweck darin bestünde, Nachkommen zur Mehrung des Stammes zu zeugen und als Krieger in die Schlacht zu ziehen. Das bedeutet natürlich nicht (mehr), dass sie durch »vaterländische« Propaganda und martialischen Drill auf diese archaische Aufgabe vorbereitet würden. Aber es bedeutet, dass wir die Stärken, Bedürfnisse und Talente unserer Söhne mit einer eingefleischten Gleichgültigkeit behandeln, die zumindest seit den späten Siebzigerjahren den Töchtern von ihren Müttern, aber auch von ihren Vätern meist nicht mehr entgegengebracht wird.

Wer ist dieses *wir*, das die Jungen hierzulande im übertragenen Sinn noch immer zum abrahamitischen Opferaltar führt? Zum einen sind es die Familien, vor allem die Väter, die auf vielfältige Weise zur Last gerade für die Söhne geworden sind – als Abwesende, die die Jungen ohne männliches Rollenmodell aufwachsen lassen, oder im Gegenteil durch ihre Präsenz, da leibliche Väter in aller Regel geschlechtsstereotype Verhaltensweisen bei ihren Söhnen verstärken. Zum anderen ist es unsere Gesellschaft, insbesondere die kulturelle Öffentlichkeit und die Betreuungs- und Bildungsinstitutionen des Staates: Die Reformpläne der Siebzigerjahre sahen vor, den Mädchen endlich die gleichen Chancen wie den Jungen einzuräumen. Doch das Ergebnis der löblichen Bemühungen sieht anders aus: Unterrichtsstil und Lehrinhalte sind heutzutage vor allem auf traditionelle Stärken und Vorlieben der Mädchen ausgerichtet – die Jungen kommen in Wahrnehmung und Debatten der Lehrer und Erzieher, der selbst ernannten Experten und Meinungsmacher fast ausschließlich als Problemfälle, als Verlierer und Verweigerer vor.

Das Abraham-Paradox heute: Unbewusst und ungewollt halten wir unsere Jungen in einer überholten und beengenden Geschlechtsrolle fest, die ihre Entfaltung hemmt und ihre Teilhabe an unserer heutigen bunten, partnerschaftlichen Gesellschaft massiv behindert. Und zugleich werfen wir ihnen vor, dass sie in künstliche Ersatzwelten fliehen, in denen die abrahamitische Väter- und Kriegerwelt wiederauferstanden scheint. Doch dazu später mehr.

Mit Kampf- und Zeugungskraft

Bevor er von *Gottes Bund mit Abraham* berichtet, präsentiert der biblische Erzähler eine bizarre Liste der Vorfahren des »Stammvaters«.

Sem zeugte im Alter von hundert Jahren Arpachschad, zwei Jahre nach der Flut. Nach der Geburt Arpachschads lebte Sem noch fünfhundert Jahre und zeugte Söhne und Töchter.

Arpachschad zeugte mit fünfunddreißig Jahren Schelach. Nach der Geburt Schelachs lebte Arpachschad noch vierhundertdrei Jahre und zeugte Söhne und Töchter.

Eber war vierunddreißig Jahre alt, da zeugte er Peleg. Nach der Geburt Pelegs lebte Eber noch vierhundertdrei Jahre und zeugte Söhne und Töchter. (Gen 11, 10ff.)

So geht es noch über etliche Absätze weiter. Die lakonische Aufzählung hat bei Frauenrechtlerinnen des letzten Jahrhunderts begreifliche Empörung hervorgerufen. Denn bemerkenswerterweise erhalten in dieser Liste nur die Väter und ihre erstgeborenen Söhne einen Namen. Die Töchter ebenso wie die nachgeborenen Söhne werden lediglich summarisch erwähnt, und von den Müttern ist überhaupt nicht die Rede.

An den Anfängen unserer Kultur steht nicht nur der Opferaltar, auf dem die Söhne von den Vätern notfalls preisgegeben werden, sondern ebenso eine ungeheure Glorifizierung des Vaters und seines »Stammhalters«. Dessen wesentliche Aufgabe ist es, wiederum einen Stammhalter zu zeugen – sowie zur Sicherheit eine Vielzahl weiterer Söhne. Denn die Kindersterblichkeit war überaus groß – von alttestamentarischen Zeiten bis an die Schwelle der Moderne war es eher die Regel als die Ausnahme, dass ein Mann zehn oder fünfzehn Kinder zeugte, von denen allenfalls ein Drittel das Erwachsenenalter erreichte.

Wir sollten deshalb mit Abraham und seinen Mythographen nicht allzu hart ins Gericht gehen, wenn sie die Zeugungskraft der Väter und ihrer wiederum Vater gewordenen Erben mit orientalischer Übertreibung von Lebensalter und Häupterzahl verherrlichten. Oftmals starben die Kinder schon bei der Geburt. Nicht selten verblutete auch die Mutter dabei oder starb kurz darauf am Kindbettfieber. Aus der Sicht eines Vaters war es ein ständiger Kampf gegen die Auslöschung seiner Sippe, bei dem die Zeugungskraft seine einzige Waffe war. Starb seine Frau an den Folgen einer Geburt oder aber erwies sie sich als unfruchtbar, so nahm er sich eine andere, um mit ihr einen Stammhalter zu zeugen. Brachte auch sie keine lebenden Jungen zur Welt, so war der Fortbestand des Stammes in Gefahr.

Denn in der frühgeschichtlichen Väterwelt nomadischer Hirten konnten Name und Güter ausschließlich vom Vater auf den Sohn vererbt werden. Auch die unpersönliche Distanz, aus der noch Abraham bei allem Vaterstolz seine Söhne betrachtet, hat hier ihre natürliche Ursache: Vor allem anderen kam es darauf an, einen Stammhalter und möglichst auch einige Reservesöhne zu zeugen – und mindestens einen von ihnen so lange durchzubringen, bis er seinerseits in zeugungsfähigem Alter war. Wie es um die persönlichen Gaben dieses Sohnes bestellt war, ob er gerade oder krumm gewachsen, hellen oder trüben Geistes, zu Schafzucht oder Flötenspiel begabt war, spielte allenfalls in zweiter Linie eine Rolle.

Die Töchter dagegen waren für den Stammvater der Sippe vor allem eine Bürde – man musste sie beschützen, kleiden und ernähren und wenn die Zeit gekommen war, auch noch eine Mitgift aufbieten, damit sich ein Freier für sie fand. Die Mädchen ihrerseits mussten nützliche Fertigkeiten wie Kochen und Weben lernen, aber auch musische Talente ausbilden, um ihre Attraktivität auf dem Brautmarkt zu steigern. Da Väter und Brüder ihre Geschäfte kaum von sich aus mit ihnen besprachen, blieb den Frauen nichts anderes übrig, als sich überdies in allerlei kommunikativen Fähigkeiten zu üben – vom einfühlenden Erraten väterlicher Launen und Pläne bis zum Erlauschen und Ausdeuten der Gerüchte, die im Hirtenlager zwischen den Zelten umherschwirrten.

Für die Mütter und Töchter kam es in den alten Väterwelten also darauf an, dass sie möglichst viele jener Stärken entwickelten, die bis heute als typisch feminine Eigenschaften angesehen werden. Und man mag es durchaus als eine höhere Gerechtigkeit betrachten, dass gerade diese »weiblichen« Talente, die in den langen Zeiten einseitiger Väterherrschaft notgedrungen zu den typisch weiblichen wurden, in unserer heutigen individualistischen und kommunikationsorientierten Gesellschaft als Schlüsselkompetenzen für Flexibilität und Lernfähigkeit, beruflichen Erfolg und Lebensqualität höchste Wertschätzung genießen.

Die Fertigkeiten, die zu Abrahams Zeiten von den Vätern kultiviert und an ihre Söhne weitergegeben wurden, gelten zwar ebenso bis heute als typisch maskulin. Aber in unserer schnelllebigen Welt mit ihren wechselnden Anforderungen und ihren vernetzten Arbeits- und Kommunikationsprozessen sind die traditionellen Stärken des einsamen Beschützers unmündiger Schäfchen, der unbeirrbar ein nur ihm bekanntes Ziel verfolgt, alles andere als zeitgemäß.

Nicht zuletzt hat der alttestamentarische »Mystizismus der Zeugung« (so die Vaterschaftsforscherin Yvonne Knibiehler) seit Langem jede reale Grundlage verloren. In unserer übervölkerten Welt besteht gewiss kein Anlass mehr, männliche Zeugungskraft als Waffe gegen einen schier übermächtigen Tod zu verherrlichen. Die Kindersterblichkeit ist zumindest in den entwickelten Gesellschaften weitgehend besiegt. Die Genmedizin hat die Rätsel der menschlichen Reproduktion entschlüsselt, und mit der Retortenzeugung hat die altväterliche Fortpflanzungsart zukunftsweisende Hightech-Konkurrenz erhalten. Auch in der Gesetzgebung ist die vormoderne Fixierung auf den Vater und seinen erstgeborenen Sohn als bevorrechtigtem Erben hierzulande seit Langem überwunden.

Der Vater als Schöpfer

Was sind eigentlich »Vater« und »Mutter«, und worin bestehen ihre Rechte und Pflichten – hier speziell gegenüber den Söhnen? Die bürgerliche Familie, wie sie sich im 18. und 19. Jahrhundert in Mitteleuropa herausgebildet hat, ist keineswegs die »natürliche« Form der Aufzucht von Kindern, für die viele sie heute halten: In der Geschichte finden sich vielmehr die unterschiedlichsten Varianten von Vaterschaft und Mutterschaft. Achtzig Prozent der Kinder auf unserem Planeten werden weder ausschließlich von ihren Eltern noch von ihrer Mutter allein aufgezogen.[2]

Beim alttestamentarischen Elternschaftskonzept leuchten zumindest die Beweggründe der Väter unmittelbar ein. In der Vorstellung der Abrahamiten waren die Männer zur Herrschaft über die Frauen berufen, vererbt wurde in väterlicher Linie auf den erstgeborenen Sohn. Je mehr Söhne ein Mann zeugte, desto mächtiger und reicher wurde sein Stamm. Um den Umgang der Frau kontrollieren zu können, band er sie durch die Ehe an sich. Dabei durfte er selbst mehrere Frauen ehelichen, während die Frauen zur Monogamie gezwungen waren. Nur so – und notfalls durch Überwachung ihres Lebenswandels – konnten Abraham und seine Stammesbrüder mit einiger Gewissheit ausschließen, dass ihre Gattinnen ihnen Kuckuckskinder unterschoben.

Denn das biologische Fundament der Mutterschaft war zwar seit jeher unzweifelhaft – die Väter dagegen konnten (bis in der jüngsten Vergangenheit entsprechende Gentests entwickelt wurden) selten sicher sein, dass die Kinder, die sie unter ihrem Dach aufwachsen ließen, tatsächlich von ihnen abstammten.

In den vorgeschichtlichen Anfängen der Menschheit, als der Zusammenhang zwischen Zeugung und Geburt noch nicht begriffen war, musste es den Männern so vorkommen, als könnten die Frauen aus eigener, gleichsam göttlicher Vollkommenheit Leben erschaffen. Mit ihrem Erzeugerstolz dagegen verfallen die alttestamentarischen Stammväter in das entgegengesetzte Extrem: Abraham kommt anscheinend gar nicht auf den Gedanken, seiner Frau mehr als nur eine Nebenrolle bei der Zeugung seiner Söhne zuzumessen. *Ich mache dich sehr fruchtbar und lasse Völker aus dir entstehen*, verspricht ihm Gottvater – so als ob Sara bloß ein austauschbares Gefäß wäre und der Sohn alle Lebenskraft und Eigenschaften allein aus dem Samen des Vaters bekäme.

In der griechischen Antike wurde von den – durchweg männlichen – Weisen seit Aristoteles eine sehr ähnliche Vorstellung verbreitet: Da die Frau keinen fruchtbaren Samen produziere, erschöpfe sich ihr Beitrag darin, den Fötus auszutragen und zu nähren. Lebendigkeit und alle Talente verdanke das Kind allein dem väterlichen Samen.

Sowohl die Abrahamiten als auch die Griechen setzen also den Vater nachdrücklich mit dem leiblichen Erzeuger gleich. Allerdings überzeichnen sie den männlichen Beitrag bei der Schaffung neuen Lebens so maßlos, dass man hier kaum mehr von einer »natürlichen« Begründung der Vaterschaft sprechen kann. Schon damals beginnt jener »Mystizismus der Zeugung«, die Glorifizierung des männlichen Samens zu einer scheinbar göttlichen Substanz – vergleichbar dem Odem, den Abrahams Gott in der Schöpfungsgeschichte dem aus Lehm geformten ersten Menschen einbläst. So weltfremd diese Lehre von der Frau als bloßem Gefäß erscheinen mag – in beiden Fällen, bei

Abraham wie bei Aristoteles, hatte sie einen durchaus realitätsnahen Zweck: Sie begründete, dass die Mutter keinerlei Rechte an ihren Kindern geltend machen konnte. Diese waren allein vom Vater erschaffen worden und gehörten somit ausschließlich ihm. Dabei konnte allerdings auch schon in altgriechischer Zeit die Grenze zwischen dem einzelnen Vater und dem Staat als Übervater gelegentlich verschwimmen: Von dem kriegerischen Sparta beispielsweise ist bekannt, dass die Söhne etwa ab dem siebten Lebensjahr in staatlichen Einrichtungen zu Kriegern abgerichtet wurden – die leiblichen Väter verloren damit ihre Rechte als Erzieher.[3]

Der Vater als Besitzer

Das alte Rom mit seinem unvergleichlichen Pragmatismus hatte für mystische Verbrämung keinen Sinn. Ob ein Mann tatsächlich der leibliche Vater eines Kindes war, konnten auch die Römer nicht mit Sicherheit feststellen – also koppelten sie die Vaterschaft von der natürlichen Urheberschaft kurzerhand ab. Vater war derjenige, der sich durch einen formellen Akt für die Übernahme der Vaterschaft entschied, und zwar gleichgültig, ob das Kind von seiner Ehefrau oder einer Geliebten stammte – oder ob es ihm einfach irgendwo über den Weg gelaufen war.

Das römische Modell ist sozusagen die Eroberervariante der Vaterschaft, angemessen einem Imperium, das sich auch bei der Definition seiner Reichsgrenzen von niemandem dreinreden ließ. Der Cäsar entschied, dass irgendein Barbarenlandstrich Rom einverleibt werden sollte – und wenig später war das Imperium um die betreffende Provinz reicher. Im Prinzip genauso beschloss der römische Patrizier, dass ein wildfremder Junge die Zahl seiner Söhne vermehren sollte – und diese Kundgebung seines Willens genügte, um den Betreffenden zu adoptieren.

Aus Sicht der Mütter ist diese von aller Biologie abgekoppelte Selbstherrlichkeit des römischen Vaterrechts empörend. Doch gerade weil die biologische Basis der Vaterschaft nun einmal sehr viel schmaler ist als die der Mutterschaft, ist die Vaterschaft seit jeher weitestgehend ein Ergebnis kultureller Definition. Das römische Vaterrecht, so sehr es den *pater familias* über Frau und Kinder erhebt, trägt auf seine Weise dieser Künstlichkeit jeden Vaterschaftskonzepts Rechnung.

Gewiss kam es im alten Rom auch häufig vor, dass der Patrizier ein Kind in seine Familie aufnahm, das von ihm selbst gezeugt oder jedenfalls von seiner Ehefrau zur Welt gebracht worden war. Aber hierfür war gleichfalls eine demonstrative Geste erforderlich: Die Mutter legte das Neugeborene auf der Schwelle des Hauses nieder – und nun lag es am Vater, den Jungen in einem öffentlichen Akt emporzuheben oder aber zu verstoßen. (Handelte es sich um ein Mädchen, so sagte er lediglich dessen »Versorgung« zu.) Im ersteren Fall gehörte der Junge fortan seiner Familie an, gleichberechtigt mit seinen blutsverwandten und adoptierten Brüdern. Hatte der Vater ihn aber verschmäht, so wurde das Kind in der Regel ausgesetzt, also dem sicheren Tod überantwortet – die Mutter hatte keinerlei Einspruchsrechte.

Doch auch im Leben der Kinder, die im Haus des *pater familias* lebten, spielten die jeweiligen Mütter allenfalls eine Nebenrolle. Im Windelalter wurden Jungen wie Mädchen unter dem Dach ihres Vaterhauses von Ammen und

Dienerinnen aufgezogen. Später, wenn sie laufen und sprechen konnten, nahm der Vater selbst die Erziehung, Ausbildung und Belehrung seiner Söhne in die Hand – gleichgültig, ob es sich um leibliche oder um Adoptivsöhne handelte.

Die »Familie« in römischem Verständnis hatte im Übrigen wenig Ähnlichkeit mit der Zweigenerationenfamilie, die bei uns im 19. Jahrhundert zum vorherrschenden Muster geworden ist. Sie umfasste sämtliche menschlichen Beziehungen und Tätigkeiten innerhalb des häuslichen Anwesens – das Verhältnis der Eheleute, zwischen Eltern und Kindern, dem Hausherrn und seinen Sklaven.

Nach dem sogenannten *mos maiorum*, einem außerrechtlichen Kanon der Sitten und Normen, war der römische Familienvater verpflichtet, für die Familie und ihren Unterhalt zu sorgen und die Kinder, vor allem die Söhne, bereits ab dem Kleinkindalter zu erziehen. Insbesondere das Engagement römischer Patriziervater bei der Aufzucht ihrer Söhne müsste jeden heutigen Vater vor Scham erröten lassen. Der *pater familias* verstand sich als Repräsentant des freien römischen Bürgertums, dessen Wissen und Werte er höchstpersönlich an seine Söhne weitergab. Er lehrte sie Turnen und Reiten, Lesen, Schreiben und Rechnen, außerdem Grammatik, Rhetorik und sogar das römische Recht. Begab sich ein Patrizier auf Reisen, etwa um seine Güter zu kontrollieren, so nahm er nicht selten einen oder mehrere seiner Söhne mit, um sie auch unterwegs weiter auszubilden. Berühmte und gelehrte römische Väter wie Cicero oder Quintilian verfassten eigens Sittenlehren und Geschichtsbücher, die sie ihren Söhnen widmeten und die die Grundlage des regelmäßigen Unterrichts bildeten.

Von der Bedeutung ihrer Aufgabe durchdrungen, scheinen die römischen Patrizier ihrer väterlichen Pflichten gegenüber ihren Söhnen im Allgemeinen überaus ernst genommen zu haben. Soweit sie durch Zeitmangel oder lückenhafte Bildung nicht selbst dazu imstande waren, engagierten sie Lehrer und Erzieher, die die Söhne zu Hause als eine Art Nebenväter betreuten und unterrichteten.

Diese Gewissenhaftigkeit rührte wohl auch daher, dass der römische *pater familias* in strikt juristischem Sinn der Besitzer seiner Kinder war (*patria potestas*) – und zwar sein Leben lang, selbst wenn der Sohn längst erwachsen, Ehemann und Vater war. Jeder Verstoß gegen Gesetz oder Sitten, den sich ein Sohn zuschulden kommen ließ, fiel auf den Vater zurück – also war es in seinem eigensten Interesse, den Filius von klein auf zu einem vorbildlichen Mitglied der *civitas* zu erziehen. Misslang ihm dies, so blieb ihm als letztes Mittel die Möglichkeit, Familienmitglieder in den Kerker sperren oder sogar hinrichten zu lassen.

Bis heute berüchtigt ist die Strenge, mit der römische Väter der gefürchteten »Verweichlichung« ihrer Söhne vorzubeugen versuchten. Soldatische Exerzitien gehörten aber ohnehin von früh an zum Erziehungsprogramm – nicht selten wurden Jungen aus schlechter gestellten Familien auch deshalb von Patriziern adoptiert, damit diese der Armee pflichtgemäß Legionäre zuführen konnten – die römische Variation des abrahamitischen Sohnesopfers.

So war das Verhältnis zwischen Vater und Sohn im alten Rom zwar durch eine enge Gemeinschaft, aber gewiss nicht durch emotionale Nähe geprägt. Der Sohn redete den Vater stets mit »Herr« an, und dieser trat kaum jemals aus seiner Rolle als moralisches und geistiges Vorbild des Sohnes heraus. So aufwendig diese Erziehung auch war –

ihr Zweck bestand nicht darin, persönliche Begabungen des Sohns zu fördern, sondern ihn einem festgelegten, im Grunde gleichförmigen Programm zu unterziehen, das ihm das Wissen und die Fertigkeiten vermittelte, über die ein Patriziersohn seiner Zeit verfügen musste.

Der Vater als Scharfrichter

Ob die Vaterschaft allein auf den Zeugungsakt zurückgeführt oder wie im alten Rom auch als Rechtsakt der Adoption verstanden wurde – so oder so traf die unerwünschten Kinder nicht nur in der Antike, sondern bis weit in unsere Neuzeit hinein ein grausames Los. »Die Geschichte der Kindheit ist ein Alptraum, aus dem wir gerade erst erwachen«, notierte der Psychohistoriker Lloyd deMause im Jahr 1977.[4]

Welche Kinder erwünscht oder unerwünscht, legitim oder illegitim waren, entschieden allein die Väter. Erwünschte Nachkommen waren im Grunde nur der Stammhalter, also der erstgeborene oder älteste überlebende Sohn, und eine mehr oder minder große Zahl nachgeborener Jungen. Unerwünscht waren sehr häufig die Töchter, ob ehelich oder nicht, und alle Kinder, Jungen wie Mädchen, die (wie Abrahams Bastardsohn Ismael) durch Schwängerung von Mägden, Prostituierten, Gelegenheitsgeliebten entstanden.

Wie uns die Familienhistoriker versichern, wurde Eltern in Europa bis ins 19. Jahrhundert stillschweigend das Recht zugestanden, illegitime Kinder zu töten. Noch im 16. Jahrhundert wurde auch die Tötung ehelicher Kinder unter der Hand geduldet. Bereits Euripides (ca. 480 bis 406 v. Chr.), Chronist der griechischen Antike, berichtet von Kleinkindern, die in Gewässern ertränkt, in Jauchegruben geworfen, in Fässern erstickt oder schlicht in Wäldern ausgesetzt wurden – die meisten von ihnen waren Mädchen.

Der Vater als Abbild Gottes

Während des gesamten Mittelalters rang die christliche Kirche um eine Neudefinition der Familie – und damit vor allem auch der Vaterschaft. Am Anfang stand ihr entschiedener Kampf gegen den römischen Adoptionsbrauch, am Ende, mit dem Trienter Konzil im 16. Jahrhundert, die Formulierung der ehelichen Sakramente, wie sie für katholische Christen im Grundsatz bis in unsere Gegenwart verbindlich sind.

Das Wort »Familie« wurde im Deutschen bezeichnenderweise erst im 18. Jahrhundert heimisch – vorher waren Bezeichnungen wie »Geschlecht«, »Haus«, »Weib und Kind« oder »Sippe« weitaus verbreiteter. In der neuzeitlichen »Familie« fließen vier Dimensionen zusammen, die während des Mittelalters und davor strikter unterschieden wurden: Abstammung (Geschlecht) und Haushalt (Haus), Fortpflanzung (Weib und Kind) und Verwandtschaft (Sippe).[5]

Das römische Adoptionsrecht war den mittelalterlichen Priestern wohl nicht nur deshalb ein Dorn im Auge, weil kinderlose Männer oder Paare sich leichter davon überzeugen ließen, dass sie ihr Besitztum an Klöster oder mildtätige Stiftungen vererben sollten. Vor allem ging es ihnen um die Bändigung jener teuflischen Kräfte, die sie in den Lenden Adams und in Evas Schoß verorteten. Sexueller Verkehr zwischen Männern und Frauen sollte fortan nur noch christlich vermählten Ehepartnern und auch ihnen ausschließlich zum Zweck der Fortpflanzung erlaubt sein.

Die männliche Zeugungskraft wurde dabei sogar noch entschiedener zu einer quasi göttlichen Fähigkeit mystifiziert: Da Gott im Himmel durch seinen Sohn Jesus zum Vater geworden war, wurde nun umgekehrt auch der christliche Vater zum »Abbild Gottes«, wie etwa der Thüringer Reformator Justus Menius 1529 schrieb; andere Autoren priesen ihn als »Bischof der Familie«.[6] Für die Söhne war das allerdings wiederum eine zwiespältige Botschaft – schließlich handelte es sich nun sogar um einen Gott, der tatsächlich seinen eigenen Sohn hatte opfern lassen für den großen väterlichen Plan.

Wenn auch nicht mit göttlichen Kräften, stattete die Kirche den christlichen Hausvater doch zumindest mit umfassenden Rechten aus. Auf ihr Betreiben hin wurde er zum Vormund nicht nur seiner ehelichen Kinder, sondern auch seiner Ehefrau erhoben. Er führte den Familiennamen fort und war im juristischen Sinn alleiniger Eigentümer aller materiellen Güter der Familie. Überdies erhielt er die alleinige Erziehungsgewalt über seine Kinder – auch über die Töchter, deren Aufzucht er allerdings seiner Ehefrau überließ.

Ab dem 11. Jahrhundert begann der Klerus mit der Formulierung der ehelichen Sakramente und eines Regelwerks der Pflichten und Rechte von Eheleuten. Gegen Seitensprünge ihres Gemahls war die christliche Ehefrau zwar nach wie vor machtlos. Aber die außerehelichen Kinder, die er fortan zeugen mochte, besaßen keinerlei Rechte mehr auf seinen Namen und auf das Erbe der legitimen Nachkommen.

Der christliche Mann und Vater seinerseits wird seine Erhöhung zum Abbild Gottvaters nicht zuletzt als ideellen Schadenersatz für die drastische Einschränkung seiner irdischen Freiheiten betrachtet haben. Anders als Abraham und seinen Stammesbrüdern war ihm die Polygamie untersagt. Und anders als der römische *pater familias*, der sich ohne viel Federlesens von seiner Frau trennen konnte, war der katholische Ehemann und Familienvater ab dem 16. Jahrhundert in unauflöslichem Bund mit der Mutter seiner Kinder vermählt.

Die Erfindung der Nebenväter

Bis zum Ende des Mittelalters war der Familienvater so zwar mit umfassenden Rechten gegenüber seinen Kindern ausgestattet, aber gerade als Erzieher und Lehrer seiner Söhne trauten die Priester ihm wohl nicht allzu viel zu. Dieser Argwohn war durchaus angebracht – anders als die gebildeten römischen Patrizier vermochten die meisten Väter im mittelalterlichen Europa ihre Söhne kaum etwas über Philosophie oder Grammatik oder auch nur Lesen und Schreiben zu lehren. Der allgemeine Bildungsstand war niedrig, bei den Bürgern ebenso wie beim Adel – und bei den Bauern ohnehin. Aber mehr noch als am Wissen der Väter zweifelten die Priester an deren sittlichen Grundsätzen.

Kriegerische Nebenväter: die Lehnsherren

Bis ins Hochmittelalter hinein waren Kriege und sonstige gewaltsamen Zusammenstöße in ganz Europa so sehr an der Tagesordnung, dass die Erziehung vieler Söhne notgedrungen kaum mehr als eine Einführung in das Handwerk des Tötens war. Um ihre Familien und Güter vor feindlichen Überfällen zu schützen, stellten sich etwa die Familienväter des niederen Adels in den Dienst mächtiger Lehnsherren.

Das Sohnesopfer war für diese Väter also kein biblisches Gleichnis, sondern harsche Realität. Als gehorsame Söhne beugten sie selbst sich nicht wie Abraham oder Jesus Christus vor einem himmlischen Übervater, sondern vor ihrem Schutzherrn, der die Söhne seiner Vasallen als Kämpfer benötigte.

Bereits im frühen Mittelalter, ab dem 6. Jahrhundert, entstand der Brauch, dass die Vasallen ihre Söhne im Kindesalter dem Lehnsherrn sandten. Dort wuchsen die Knaben etwa ab dem zehnten Lebensjahr auf, zusammen mit den Söhnen des Burgherrn, der die »Pagen« persönlich in die Kriegskunst einführte.

Der Unterricht begann, ähnlich wie für die Patriziersöhne in der römischen Antike, mit Übungen in Ausdauer und Geschicklichkeit: Laufen, Schwimmen, Reiten. Doch die weiteren Lektionen galten nicht Grammatik, Recht oder Sittenlehre, sondern ausschließlich dem Kämpfen und Töten. Der Form halber gab es wohl meist einen Geistlichen des niederen Klerus auf der Burg oder im Schloss, der die Pagen in lateinischer Sprache und vor allem in religiösen Fragen unterweisen sollte. Aber in der Praxis fiel dieser Teil des Unterrichts überwiegend aus.

Die Jungen lernten zu jagen und mit Waffen umzugehen. Der Lehnsherr selbst lehrte sie, mit Äxten und Lanzen, mit Schwert und Bogen zu kämpfen. Mit vierzehn Jahren, wenn nach mittelalterlicher Vorstellung die »zweite Kindheit« endete, wurden die jungen Krieger zu Knappen befördert oder erhielten sogar schon den Ritterschlag.

Fortan durften sie ihr eigenes Schwert führen – auch als Symbol für jene beiden Fertigkeiten, um die sich seit Abrahams Zeiten bei der väterlichen Erziehung der Söhne letztlich alles drehte: der Kraft zu zeugen und mit der Waffe für das große Ziel zu kämpfen. Nicht nur in Kriegen, sondern auch bei der Jagd und bei Ritterturnieren verloren die Vasallensöhne in großer Zahl ihr Leben. Der Klerus beobachtete diese martialische Erziehung mit Argwohn. Doch erst als im späten Mittelalter die Verhältnisse friedlicher und geordneter wurden, büßte auch die Erziehung der adligen Jungen allmählich ihren überwiegend kriegerischen Charakter ein.

Geistliche Nebenväter: die Patres

Die Priester hatten sich seit jeher als geistliche Nebenväter verstanden – schließlich nannten sie selbst sich »Pater« und überwachten stets schon mehr oder minder diskret die erzieherischen Bemühungen der leiblichen Väter. Doch erst etwa ab dem 12. Jahrhundert mischten sie sich stärker in die Aufzucht der Söhne ein.

Der Theologe Jean Gerson (1363–1429), Erzieher der beiden Söhne von König Karl VI., sprach sich als einer der Ersten dafür aus, Jungen mehrmals im Jahr beichten zu lassen: Nur auf diese Weise könne sich ihr Gewissen entwickeln. In seinen Schriften, etwa dem »ABC der Einfältigen«, mahnt er die Familienväter, ihre Söhne mit Achtung und Sorgfalt zu erziehen. Durch den Anblick grausamer oder unzüchtiger Handlungen würden ihre kindlichen Seelen verstört – eine bemerkenswert frühe Vorwegnahme der modernen Lehre von der kindlichen Traumatisierung.

Ein anderer mittelalterlicher Pädagoge, Giovanni Dominici (1356–1420), fordert die Väter auf, ihre Kinder so zu erziehen, dass sie sich für »das Gute« entschieden – und sei es auch »nur aus Angst vor Strafe«. Mit solchen Konzepten wandten sich Dominici und weitere Autoren gegen die damals vorherrschende Vorstellung, dass der Lebensweg jedes Menschen durch seine »natürlichen Anlagen« vorgezeichnet, also durch Erziehung nicht zu beeinflussen sei. Von diesen »natürlichen Anlagen« war nach mittelalterlicher Auffassung wenig Gutes zu erwarten, da die Natur des Menschen durch die Erbsünde verderbt sei.

Aber die Ermahnungen der Geistlichen galten natürlich nicht nur den Eltern, sondern mehr noch ihren Kindern. Vater und Mutter zu ehren war eines der biblischen Hauptgebote. Der Hausvater war ein Abbild nicht nur des himmlischen Vaters, sondern auch aller sonstigen Vaterinstanzen auf den Hierarchiestufen dazwischen – der geistlichen Väter, des Lehnsherrn, des Fürsten, des Königs und des Kaisers. Von den Kindern, die ihre Väter nicht ehrten, war es für die besorgten Autoren nicht weit bis zum Untergang der gottgewollten Feudalordnung.

Die kirchlichen Pädagogen ließen auch keinen Zweifel aufkommen, wie weit dieser Gehorsam der Kinder – und wiederum speziell der Söhne – notfalls zu gehen habe. Als Vorbilder wurden ihnen Jesus Christus und Isaak vorgehalten: die beiden biblischen Söhne also, die nicht einmal dann aufbegehrt hatten, als ihre Väter ihnen den Opfertod befahlen.

Nicht nur bei diesen frommen Beispielen drehte sich in der mittelalterlichen Pädagogik fast alles um die Jungen. Bei den Mädchen konnte es allenfalls darum gehen, sie zur Tugend zu erziehen, denn ihre Verstandeskräfte galten als gering, ihre Anfälligkeit für die Sünden des Fleisches dagegen als übermächtig. Entsprechend empfahlen die geistlichen Autoren, die Töchter möglichst nicht vor die Tür zu lassen und von Männern wie auch von gleichaltrigen Jungen mit Ausnahme ihrer Brüder fernzuhalten. Ihre Erziehung war allein Sache der Mütter und sollte sich im Wesentlichen darauf beschränken, sie vor den Sünden der Eitelkeit und der Völlerei zu bewahren.

Geistige Nebenväter: die Lehrer

Die ersten mittelalterlichen Schulen hierzulande gehörten zu Klöstern und Domkapiteln. Zunehmend gewährten sie auch Laien Zutritt, lange Zeit allerdings nur den Söhnen der Adligen. Im 12. Jahrhundert entstanden in den Städten zudem die ersten Ratsgymnasien, in denen Söhne der ehrbaren Bürgerfamilien eine »höhere Bildung« erhielten – höher als der Unterricht in den Pfarr- und Klippschulen, der den Dorfkindern vom niederen Klerus in der »Volkssprache« erteilt wurde. Auf das Mittelalter geht also auch die Gliederung in »niedere« und »Oberschulen« zurück, die bis heute für unser Schulsystem so typisch und für unsere Kinder so nachteilig ist.

Ob ein Junge eine Schule besuchen konnte und über welchen Zeitraum er unterrichtet wurde, hing von zahlreichen Umständen ab. Zunächst natürlich von der Standeszugehörigkeit des Vaters – ein Adelssohn ließ sich auf dem Schloss des Lehnsherrn zum Ritter oder in der Klosterschule zum Schriftgelehrten ausbilden; ein Bauernsohn konnte allenfalls die Pfarr- oder Volksschule im Dorf besuchen, wo er vielleicht nur ein paar Monate lang in den allernötigsten Fertigkeiten unterrichtet wurde.

Doch auch für die Bürgersöhne in den Städten gab es beträchtliche Unterschiede hinsichtlich der Schuldauer wie auch des Unterrichtsangebots. Manchmal dauerte die

Schulzeit drei oder vier Jahre, in anderen Fällen war sie erheblich kürzer. Bereitete sich ein Junge auf ein Universitätsstudium vor, so war die Ausbildung umfangreicher als für seine Kameraden, die vielleicht nur einige Schreib- und Rechenkenntnisse erlernen sollten, wie man sie als Handwerker oder Kaufmann benötigte.

Ob es den Jungen bei den Lehrern, ihren geistigen Nebenvätern, besser erging als zu Hause, muss im Großen und Ganzen bezweifelt werden. Ihre Verstandeskräfte wurden geschult, doch ihre Seelen wurden abgestumpft, ihre Körper oft bis aufs Blut gequält. Denn die Erziehung bestand, ob zu Hause oder in den Schulen, hauptsächlich im ausdauernden Gebrauch von Stock oder Rute.

Geprügelt wurde sowohl in der Schule als auch zu Hause bei den geringsten Anlässen und oftmals gerade deshalb, weil ein Junge sich bei keinem Vergehen hatte ertappen lassen: Das bewies schließlich nur, dass er zusätzlich versucht hatte, seine Schandtat zu verbergen. Das Recht der Lehrer wie auch der Väter, ihre Schützlinge zu »züchtigen«, stand außer Frage. Von Gesetzes wegen durften die Familienväter auch ihr Gesinde und ihre Frauen prügeln. Nach überwiegender Ansicht der mittelalterlichen Pädagogen war dies sogar ihre sittliche Pflicht.

Wenn die Autoren überhaupt Mäßigung im Gebrauch der Prügelstrafe empfahlen, dann einzig deshalb, weil die Jungen sonst unempfindlich für die körperliche Züchtigung würden. Der Franziskaner Bartholomäus Anglicus (ca. 1190–1250), einer der bedeutendsten Gelehrten des 13. Jahrhunderts, stellte eine Gleichung auf, die bis ins 20. Jahrhundert zu den Leitsätzen einer schwarzen Pädagogik zählte: Je inniger ein Vater seinen Sohn liebe, desto unnachsichtiger solle er ihn schlagen.

Umso erstaunlicher, dass dieselben frühen Pädagogen oftmals gleichwohl ein Gespür für kindliche Bedürfnisse und Möglichkeiten bewiesen. Verbreitet war immerhin schon die Einsicht, dass Kinder so früh wie möglich in Fertigkeiten wie Lesen und Schreiben unterrichtet werden sollten, da ihre Lernfähigkeit mit wachsendem Alter zurückgehe. Auch Vorstellungen von altersgerechten Unterrichtsbedingungen gab es schon in Ansätzen – man solle von sieben- oder achtjährigen Knaben nicht verlangen, dass sie stundenlang ruhig an ihren Pulten säßen, und einem kleinen Jungen gelegentliche Vergehen wie Ungehorsam oder Unaufmerksamkeit eher durchgehen lassen als einem Vierzehnjährigen, der nach mittelalterlicher Auffassung bereits erwachsen war.

Von dem Gedanken einer Förderung und Entfaltung persönlicher Begabungen waren die Lehrer jedoch weit entfernt. Ihr gesamtes Erziehungs- und Bildungsprogramm zielte im Gegenteil auf die Unterdrückung der »natürlichen Anlagen« ab, da diese als teuflisch verrufen waren. Für sie waren die heranwachsenden Jungen eine Art wilder Kreaturen, in denen ein geistig-seelischer Funke eingeschlossen war. Damit dieser Funke zum Lichtstrahl der Erkenntnis wurde, galt es, die natürliche Wildheit der Jungen zu brechen und zugleich ihre »Verzärtelung« zu vermeiden.

Väter der »zweiten Kindheit«: die Lehrherren

Als Nebenväter insgesamt weit bedeutsamer als Patres oder Lehrer waren jedoch die Lehrherren, die Kaufleute oder Handwerksmeister, unter deren Dach viele Bürgersöhne des Spätmittelalters beinahe die gesamte zweite Hälfte ihrer Kindheit verbrachten. Tatsächlich begann ihre Lehrzeit oftmals schon mit dem siebten Lebensjahr. Diejenigen Jungen, die zuvor noch eine Schule besuchen konnten, fingen ihre Lehre dann mit neun, zehn oder allenfalls zwölf Jahren an.

Nicht selten wurden die Söhne in weit entfernte Städte geschickt, um sich dort zum Kürschner oder Färber, Kupferstecher oder Teppichweber, Küfer oder Goldschmied ausbilden zu lassen. Meist schrieben schon die Zunftregeln vor, dass die Söhne nicht in den Werkstätten ihrer Väter lernen durften. Doch auch wenn die Möglichkeit bestand, sie in einer Werkstatt in ihrer Heimatstadt unterzubringen, beharrten die Väter oftmals darauf, ihre Söhne in die Fremde zu schicken – eine bemerkenswerte Variante des Abrahamschen Sohnesopfers.

»Wenn du einen Sohn hast, der deines Erachtens an seinem jetzigen Platz nicht gut tut, übergib ihn sofort einem Kaufmann, der ihn in ein anderes Land schickt«, empfiehlt auch ein zeitgenössischer Autor.[7] Man kann hierin ein probates Mittel der Väter sehen, Auseinandersetzungen mit ihren pubertierenden Söhnen zu vermeiden – oder auch, sich den Rivalen vom Hals zu schaffen.

Ein erheblicher Teil des Adoleszenzdramas, das die bürgerlichen Familien des 19. und großer Teile des 20. Jahrhunderts vielfach in freudianische Albträume verwandeln sollte, fand jedenfalls in den städtischen Familien des späten Mittelalters schlichtweg nicht statt. Die mittelalterlichen Lehrjungen werden ihre Entfernung aus dem »Vaterhaus« (das erst im 20. Jahrhundert zum »Elternhaus« wurde) in der Regel auch nicht als Strafe empfunden haben.

Zumindest überwog bei ihnen wohl der Eindruck, an Freiheit und eigenen Rechten gewonnen zu haben: Von ihrem Lehrherrn und dessen Frau wurden sie zwar einerseits wie unmündige Ziehsöhne behandelt. Besonders ihrem Meister waren sie Gehorsam schuldig, oftmals viele Jahre lang, da die Lehrzeit, je nach Brauch und Schwierigkeitsgrad der zu erlernenden Künste, sieben Jahre oder noch länger dauern konnte. Von der angesehenen Position eines Gesellen waren die Lehrjungen also weit entfernt. Doch anders als zu Hause, gegenüber den leiblichen Eltern, besaßen sie nun die verbrieften Rechte eines Lehrlings, deren Einhaltung von der jeweiligen Zunft überwacht wurde.

Gewiss sind auch Leidensgeschichten gepeinigter Lehrjungen überliefert, die unter der Unmenschlichkeit ihrer Meister stöhnten. Aber die Lehrväter behandelten ihre Ziehsöhne in aller Regel doch deutlich weniger willkürlich und grausam als ihre Väter. So gab es in den Zunftordnungen beispielsweise die Regel, dass ein Lehrjunge ungestraft zweimal aus dem Haus seines Lehrherrn ausreißen durfte. Erst wenn er ein drittes Mal davonlief, durfte ihn der Meister seinerseits vor die Tür setzen – und selbst dann prüften die Zunftherren nach, ob der Lehrherr den Jungen nicht durch übergroße Härte davongetrieben hatte. Auch dem »Züchtigungsrecht« des Meisters waren bemerkenswert enge Grenzen gesetzt – jedenfalls im Vergleich mit den unbegrenzten Prügelprivilegien der leiblichen Väter. Lehrjungen, die von ihren Herren ohne Grund oder über die Maßen hart gezüchtigt worden waren, konnten sich bei ihrer Zunft beschweren und den Meister sogar verklagen. Dieser musste den Ausschluss aus der Zunft befürchten, wenn man ihm einen Verstoß gegen die »guten Sitten« nachwies.

Aber der Meister hatte normalerweise auch seinerseits gute Gründe, seinen Lehrjungen pfleglich zu behandeln.

Bei der gemeinsamen, tagtäglichen Arbeit entstand eine vertraute Nähe zwischen dem Lehrvater und seinem Ziehsohn. Überdies besaß das Lehrverhältnis ein handfestes wirtschaftliches Fundament: Der Meister profitierte von der Arbeitskraft seines Lehrlings, und je mehr er ihn lehrte, je rascher dieser lernte, desto besser gedieh sein Betrieb.

Sicherlich mussten sie von früh bis spät arbeiten, erhielten allenfalls ein Taschengeld und litten oftmals auch unter Heimweh. Was für ein selbstverantwortliches, Eigenständigkeit und Reife förderndes Leben war es gleichwohl, das diese zwölf-, vierzehn- oder siebzehnjährigen Jungen führten – gemessen an der Rechtlosigkeit und Ohnmacht während des ersten Teils ihrer Kindheit, aber auch verglichen mit dem Nesthockertum heutiger junger Männer, die nicht selten noch mit Mitte zwanzig im heimischen Kinderzimmer leben, gefangen in immerwährender Adoleszenz.

Wie »natürlich« sind Familiengefühle?

Während des gesamten Mittelalters und noch in der frühen Neuzeit waren die – überwiegend bäurischen – Familien in Europa meist reine Not- und Zweckverbände. Gegen jederzeit mögliche Angriffe feindlicher Heere oder brandschatzender Räuberbanden mussten sich oftmals ganze Dörfer dauerhaft zusammenschließen – dann sanken Männer und Frauen, Kinder und Knechte für Monate oder Jahre auf die Kulturstufe der Horde zurück. Aber selbst in halbwegs friedlichen Zeiten war das Landleben so hart und karg, dass die für spätere Jahrhunderte so typischen Familiengefühle nicht einmal kümmerliche Blüten treiben konnten.

Der Gedanke, dass sie ihre Kinder liebevoll umsorgen sollten, wäre den Eltern des 15. und noch des 16. Jahrhunderts kaum zu vermitteln gewesen: Frauen wie Männer arbeiteten von früh bis spät – auf dem Acker oder im Stall, bei der Ernte, beim Schlachten, Einkochen und Pökeln für die langen Wintermonate, wenn man von den Vorräten zehren musste. Kinder waren als Arbeitskräfte sehr willkommen, doch jeder zusätzliche Esser verschärfte zugleich den Mangel. Sobald ein Kind aus dem Gröbsten heraus war, musste es mit anpacken – die Mädchen in der Küche, die Jungen unter väterlichem Kommando auf dem Feld.

Meist aber musste man den Nachwuchs auf dem Kirchhof begraben, ehe er oder sie auch nur das Windelalter hinter sich hatten: Die Kindersterblichkeit betrug nicht selten siebzig oder achtzig Prozent.

Hiebe statt Liebe

Brachte ein Junge trotz allem etwa das siebte Lebensjahr hinter sich, so nahm sich der Vater seiner an. Die Erziehungsmethoden eines mittelalterlichen Bauern kann man sich schwerlich rau und grob genug vorstellen: Mit Flüchen und Schlägen trieb er seinen Sohn an, prügelte ihn in den Stall oder aufs Feld, wenn der Junge nicht vom Morgengrauen bis in die Nacht ackern wollte.

Mit willkürlicher Grausamkeit hatte das jedoch meist nichts zu tun: Stets gab es zu viel Arbeit, zu wenige Hände und zu viele Mäuler, die man stopfen musste. Ein Sohn war oftmals die einzige Arbeitskraft, die sich der Bauer leisten konnte, also richtete er ihn mühselig zu seinem Knecht und Nachfolger ab – und prügelte ihm gleichzeitig die christlichen Moralgebote ein, damit der Sohn die

Eltern auf deren alte Tage nicht verhungern ließ. Ob es sein leiblicher und ehelich gezeugter Nachwuchs, ein Adoptiv- oder Findelkind war, wird dem Bauern unter diesen Bedingungen gleich gewesen sein.

Adoption als Geschäft

Aus Furcht vor den Priestern, die gegen Adoptionen und uneheliche »Sündenkinder« eiferten, versuchten Ehepaare jedoch wohl meist, den Erben des Hofs oder der Werkstatt auf die Weise hervorzubringen, die seit dem Trienter Konzil als einzig gottgefällige galt. Aber wenn sich der dringend benötigte Nachwuchs auf diesem Weg nicht einstellen wollte, so nahm man eben an Kindes statt einen der Waisenjungen an, die zuhauf in Findelhäusern, als Bettler auf den Straßen oder in verwilderten Horden in den Wäldern lebten. Adoptionen waren kirchlich verpönt, aber von Rechts wegen weiterhin möglich.

Einfacher war es jedoch, sich mit einer alleinstehenden Mutter, die mehr Kinder hatte, als sie durchfüttern konnte, auf einen diskreten Handel zu einigen: Überließ sie einem kinderlosen Paar einen ihrer Jungen, so konnte der eines Tages den Hof seiner Zieheltern erben, die das Kind als ihr eigenes ausgaben und taufen ließen. Denn die Zeit war knapp: Gelang es dem Bauern nicht, einen Jungen – welcher Herkunft auch immer – durchzubringen und ihn das Handwerk des Säens und Erntens zu lernen, ehe er selbst für die heute fast unvorstellbar schwere Arbeit zu alt geworden war, so drohten ihm und seiner Frau ein jämmerliches Ende.

Für einen Waisenjungen oder den Sohn einer in Armut lebenden Frau konnte es unter diesen Umständen sogar ein Glückslos sein, selbst bei armen Kleinbauern als Sohn und Erbe aufgenommen zu werden. Doch väterliche oder mütterliche Liebe wird bei den Alten so wenig aufgekommen sein wie kindliche Zuneigung bei dem begünstigten Jungen: Diese Gefühle gehörten unter den damaligen Lebensbedingungen noch nicht zur emotionalen Ausstattung der Menschen unserer Kultur, auch nicht in Bezug auf den eigenen Nachwuchs. Wo man um das tägliche Brot kämpfen musste, blieb kein Raum für zartere Empfindungen.

Mittelalterliche Patchworkfamilien

Nicht nur die Kindersterblichkeit war hoch – auch im Erwachsenenalter war der Tod ein ständiger Begleiter. So war es eher die Ausnahme als die Regel, dass ein Kind während seiner gesamten Kindheit von beiden leiblichen Elternteilen aufgezogen wurde: Starb die Mutter nicht bereits bei oder nach der Geburt, so erlag sie beim nächsten oder übernächsten Mal dem gefürchteten Kindbettfieber. Aber auch viele Männer fielen den zahlreichen Krankheiten zum Opfer, die durch mangelhafte Hygiene und Ernährung gediehen.

Ohne viel Federlesens heirateten Witwer dann oftmals die Schwester ihrer Frau oder Witwen ihren Schwager: Das bereitete die wenigsten Umstände, denn nicht selten wohnten die Großfamilien in Städten und größeren Bauernhöfen ohnehin unter einem Dach. So kam es im 16. Jahrhundert keineswegs selten vor, dass Kinder nacheinander drei oder vier Mütter und unter Umständen auch mehrere Väter hatten, ehe sie auch nur das zehnte Lebensjahr erreichten. Dass unter solchen Umständen Eltern und Kinder nicht mit Zärtlichkeit oder tieferer Zuneigung aneinander hingen, dürfte einleuchten – auch wenn derartige Familiengefühle spätestens seit dem 19. Jahrhundert in dem Ruf stehen, »natürlich« oder gar »angeboren« zu sein.

Vater und Sohn im goldenen Zeitalter

Die Blütezeit des Handwerks lag im 16. und 17. Jahrhundert – zugleich das goldene Zeitalter von Vater und Sohn in der europäischen Kultur. Städte wie Nürnberg, Florenz oder Venedig entwickelten sich zu bedeutenden Handwerks- und Handelszentren. In Nürnberg etwa gab es um 1500 mehr als 130 verschiedene Handwerksgewerbe, davon allein gut 50 im Metall verarbeitenden Bereich.

Nach dem Vorbild der Adelshäuser entstanden bürgerliche Dynastien – mächtige und traditionsbewusste Patrizierfamilien, in denen Rang und Name, Besitz und Fachwissen der Handwerksmeister bald schon in dritter oder vierter Generation vererbt wurden. Der bevorzugte Nachfolger war in aller Regel wiederum der erstgeborene Sohn. Bereits als Säugling wurde er besser als seine Geschwister behandelt: Er wurde zu Hause von seiner Mutter gestillt, während man die jüngeren Brüder meist zu Ammen gab. In der Geschichte der Familie ist er wahrscheinlich das erste Kind, das von seinen Eltern in einem tieferen Sinn geliebt wurde – wenn auch nicht um seiner selbst, seiner individuellen Einzigartigkeit willen, sondern als Ebenbild und Erbe des Vaters.

Tatsächlich sollte das alte abrahamitische Vaterschaftsmodell niemals vorher und nachher so prächtige Früchte erbringen wie in jener Zeit. Die Werkstätten der Handwerksmeister und der Wohnbereich ihrer Familien waren meist im selben Haus oder zumindest in unmittelbarer

Nachbarschaft gelegen. So konnten die Söhne alle Arbeitsabläufe, jeden Hand- und Kunstgriff von früher Kindheit an tagtäglich aus nächster Nähe miterleben. Sie wuchsen mit dem Geruch der Rohstoffe auf, die in den Werkstätten verarbeitet wurden, mit den Klängen der Werkzeuge, den Bräuchen der Zunftangehörigen und der Kaufleute, die die Produkte aus der väterlichen Werkstatt im ganzen Abendland vertrieben.

Meist waren die Werkstätten so groß, dass der Vater mehrere Gesellen und oftmals eine ganze Schar von Lehrjungen beschäftigte. Nicht selten lebten sie alle mit unter dem Dach des Meisters, und von früh bis spät drehte sich jedes Gespräch und jede Tätigkeit um die Kunst, der man sich in der Werkstatt widmete, und das Geschäft, das man mit dem Verkauf von Gold- oder Silberschmuck, Eisenwaren, Fässern oder Pelzen, Webteppichen oder Segeltuch zu erzielen hoffte.

Für den Stammhalter war das die denkbar beste Berufsvorbereitung. Schon ab dem frühen Kindesalter, wenn sein Geist, seine Seele und seine Nerven so empfänglich für Eindrücke und Erfahrungen waren wie danach niemals wieder, konnte er sich all das Wissen aneignen, all die Tausend kleinen Fertigkeiten und das dazu passende Auftreten einüben, die er in seiner Profession einmal benötigen würde. Als Sohn des Meisters war er dessen bevorzugter Lehrling, dem exklusiveres Wissen als den anderen Lehrjungen vermittelt wurde. Die gemeinsame Arbeit bildete eine sachliche Grundlage, auf der Vater und Sohn auch Auseinandersetzungen austragen konnten. Durch seine wachsende Geschicklichkeit gewann der Sohn an väterlicher Achtung. Der Vater seinerseits konnte im Konkurrenzkampf mit dem Sohn fair und gelassen bleiben –

sein Vorsprung als Lehrmeister war groß, und wenn der Sohn Schritt um Schritt näher kam, bewies das schließlich nur das Aufgehen des väterlichen Plans.

Konkurrenz für die Väter

Kann man hier überhaupt noch von einem Opfer sprechen, das der Sohn für seinen Vater zu erbringen hatte? Die Söhne angesehener Handwerksmeister im Nürnberg oder Florenz des 16. oder 17. Jahrhunderts erbten wohlklingende Namen, florierende Betriebe, einzigartige Schätze an Wissen und Fertigkeiten sowie ein meist bereits beträchtliches materielles Vermögen. Was sie hierfür opfern sollten, hätten die Söhne noch wenige Generationen vorher wohl nicht einmal empfinden, geschweige denn benennen können: die Freiheit, ihre individuellen Gaben, Stärken und Interessen zu entfalten, statt ihre Persönlichkeit von klein auf nach den Erfordernissen des väterlichen Erbes zu formen.

Doch just in dem historischen Moment, da es für den Sohn so sinnvoll wie niemals zuvor schien, sich nach dem Vorbild des Vaters zum Werkzeug schmieden zu lassen – gerade da hatten Wirtschaft, Arbeitswelt und Kultur in den großen Städten eine solche Vielfältigkeit gewonnen, dass selbst ein beträchtliches väterliches Erbe auf dem bunten Markt der neuen Möglichkeiten auf einmal grau und unansehnlich wirken konnte.

Während der tausend Jahre davor war den Söhnen überwiegend gar keine andere Wahl geblieben, als sich nach dem Bild ihres leiblichen Vaters zu formen – und entsprechend hatten sie auch kein Bewusstsein für die Einschränkung entwickelt, die ihnen abverlangt wurde. Ein in ländlicher Einsamkeit aufwachsender Bauernsohn wurde zwangsläufig auch seinerseits zum Bauern – schon deshalb, weil er während seiner Kindheit kaum jemals einen anderen erwachsenen Mann als seinen Vater zu sehen bekam. »Mann« und »Bauer« waren für ihn schlichtweg identisch – so wie für den Hirten- oder den Köhlersohn außer Frage stand, dass erwachsene Männer ihr Leben eben als Hirten beziehungsweise als Köhler bestritten.

Nun aber, in den großen neuzeitlichen Städten, wuchsen die Handwerkersöhne inmitten eines überwältigenden Angebots unterschiedlichster Lebensstile und Tätigkeiten auf. Zwar hatten sich die Väter als präsente Erzieher, engagierte Lehrmeister und vertraute Vorbilder kaum jemals verdienter um ihre Söhne gemacht – doch niemals vorher hatten die Söhne auch über die Möglichkeit verfügt, das väterliche Modell mit so vielen konkurrierenden Lebensentwürfen und Arbeitsangeboten zu vergleichen.

Dabei ging es keineswegs nur um persönliche Vorlieben und Abneigungen: Bereits im 16. Jahrhundert waren Technik und Raffinesse der bedeutenden Handwerke so weit fortgeschritten, dass sie nahezu künstlerische Fertigkeiten erforderten. Den Umgang mit Werkzeugen und Rohstoffen konnte man einüben, das bereits recht umfangreiche theoretische Wissen eines Baumeisters oder Goldschmieds mit einigem Aufwand sich gleichfalls aneignen – aber künstlerisches Talent und Schöpferkraft lassen sich bekanntlich schlecht erlernen oder vererben. Je kunstfertiger die Produkte eines Handwerksmeisters waren, desto reicher und angesehener konnte er also durch seine Arbeit werden – aber desto illusorischer wurde auch die traditionelle Vorstellung des Sohns als Ebenbild und Erbe, der wie ein »Werkzeug« den Plan des Vaters weiter verwirklicht.

Albrecht Dürer und Sohn

Ein berühmter Sohn jener Zeit war Albrecht Dürer, 1471 in Nürnberg geboren. Sein Vater war ein überaus erfolgreicher Goldschmiedemeister, aus Ungarn zugewandert, wo er seine Kunst bei seinem eigenen Vater erlernt hatte. In Nürnberg erwarb er Meisterbrief und Bürgerrechte und machte sich 1468 mit einer Goldschmiede selbstständig.

Als sein Sohn Albrecht zur Welt kam, waren die kleine Familie und die Werkstatt noch recht beengt in einem Hinterhaus eingemietet. Aber da trug Meister Dürer bereits den Titel eines städtischen Münzprobierers, ein so ehrenvolles wie einträgliches Amt. Und noch bevor sein Sohn und Erbe das vierte Lebensjahr vollendet hatte, kaufte der Vater in der Oberstadt ein geräumiges Haus, das genügend Platz für eine vielköpfige Familie und einen rasch wachsenden Handwerksbetrieb bot.

Dem Vater schien es selbstverständlich, dass sein Sohn, der den Namen seiner Väter und seinen eigenen Taufnamen trug, einmal sein Erbe als Goldschmiedemeister antreten würde. Mit etwa zehn Jahren, nach dem Besuch der städtischen Schule, begann Albrecht auch tatsächlich eine Lehre in der väterlichen Werkstatt. Wie die anderen Lehrbuben musste er anfangs die niedrigsten Arbeiten verrichten – Feuer schüren, die Werkstatt kehren, Brot und Bier für die Gesellen holen. Aber nicht deshalb verfiel der Junge mehr und mehr der Melancholie.

Er lernte schnell, und seine Hände waren so geschickt wie sein Geist gewissenhaft. Bald schon wurden ihm schwierigere Aufgaben übertragen, und voller Stolz beobachtete der Vater, wie begabt sein Sohn für die Goldschmiedekunst war. Doch Albrechts heimliche Leidenschaft galt der Mal- und Zeichenkunst, nicht dem Stanzen,

Gravieren und Emaillieren in Gold. Sein Kopf quoll über vor Bildern – was hätte er darum gegeben, wenn er den Stichel zur Seite legen und mit Silber- oder Rötelstift zeichnen dürfte, was er vor seinem inneren Auge so überdeutlich sah.

Aber wie sollte er dem Vater klarmachen, dass er niemals dessen Nachfolger und Erbe werden könnte? Ein solcher Verrat, ein solches Aufbegehren des Sohns gegen das väterliche Gebot war fast undenkbar – für ihn ebenso wie für den Vater. Dabei hatte Meister Dürer ungewollt sogar selbst dazu beigetragen, dass Albrecht von früher Kindheit an von Nebenvätern miterzogen worden war, die eindrucksvolle Alternativen zu seinem eigenen Lebensmodell verkörperten.

Da war vor allen anderen der angesehene Verleger Anton Koberger, in dessen Druckerei die berühmte »Schedel'sche Weltchronik« hergestellt wurde. Der ehrgeizige Vater Dürer hatte ihn als Taufpaten für seinen Sohn gewonnen, und Albrecht war von klein auf in der Druckerei ein und aus gegangen. Durch die Erfindung der Druckerpresse war in jener Zeit nicht nur die Menge verfügbarer Informationen und Ideen regelrecht explodiert – aufwendig illustrierte Werke wie die »Schedel'sche Weltchronik« dürften in Albrecht Dürer auch früh schon die Ahnung erweckt haben, dass die Drucktechnik für begabte Zeichenkünstler ganz neuartige Ausdrucks- und Verdienstmöglichkeiten schuf.

Seit Meister Dürer mitsamt Werkstatt und Haushalt in die Oberstadt umgesiedelt war, lebten sie in unmittelbarer Nachbarschaft zu Kobergers Verlag und Druckerei. In den Gassen unter der Burg waren zahlreiche weitere Betriebe untergebracht, und eine von ihnen war die Werkstatt des gleichfalls berühmten Malers Michael Wolgemut. Auch ihn hatte schon der kleine Albrecht häufig besucht, und in seinem Atelier hatte er gesehen, dass die Mal- und Zeichenkunst ein ebenso ehrenwerter und einträglicher Beruf wie die Goldschmiedekunst des Vaters war.

Heute erscheint es uns selbstverständlich, dass wir uns auch bei der Berufswahl zuerst umfassende Informationen über die verfügbaren Möglichkeiten verschaffen, ehe wir uns für eine von ihnen entscheiden. Noch Ende des 15. Jahrhunderts aber bedurfte es selbst bei einem so herausragend talentierten Künstler wie dem jungen Albrecht Dürer einer mehr als glücklichen Fügung, damit er die Freiheit bekam, seiner Neigung zu folgen.

Um Vater Dürer Gerechtigkeit widerfahren zu lassen, sei angemerkt, dass er schweren Herzens einwilligte, als Albrecht ihn endlich bat, die Lehre als Goldschmied abbrechen und in die Werkstatt von Meister Wolgemut wechseln zu dürfen. Der ältere Albrecht Dürer stellte also letztlich das Glück seines Sohns über seine eigenen Pläne – was ihm allerdings auch dadurch erleichtert wurde, dass ein jüngerer Bruder Albrechts bereitwillig die frei gewordene Position des Nachfolgers übernahm. Tradition und Erbe, Fertigkeiten und Vermögen der Familie konnte Vater Dürer so noch einmal an die nächste Generation weitergeben.

Zu Anfang der Neuzeit begann gleichwohl ein grundlegender Mangel des traditionellen Vaterschaftsmodells offenkundig zu werden. In seiner Doppelfunktion als präsenter Erzieher und Lehrherr konnte der Handwerksmeister seinen Sohn in herausragender Weise fördern, sämtliche Talente, Stärken und Fertigkeiten von früh an entwickeln helfen, die der Sohn als sein Nachfolger benötigen würde. Doch gerade diese einseitige Förderung von Fähigkeiten, die einzig an den Erfordernissen des väterlichen Erbes orientiert war, hinderte den Sohn nachhaltig an der Entfaltung seiner eigenen Stärken.

Der Patriarch vor dem Fall

Wenn Psychologen vom »symbolischen Vater« sprechen, meinen sie das Vaterbild einer Gesellschaft und die Wertschätzung, die Vaterfiguren dort genießen. Wird der symbolische Vater in einem Land oder einer Kultur hochgeachtet, so kommt dies zwangsläufig auch solchen realen Vätern zugute, die für sich betrachtet weder als Erzieher ihrer Kinder noch als »Familienoberhäupter« sonderlich überzeugen. Umgekehrt kann der konkrete Vater selbst bei bestem Willen kaum positiv auf seine Kinder einwirken, wenn der symbolische Vater in seiner sozialen Umgebung, womöglich bereits in den Augen der Mutter, weder Wert noch Würde besitzt.

Ab dem 18. Jahrhundert begann sich der symbolische Vater in Europa gleichsam in zwei Teile zu spalten: Die französischen Revolutionäre schlugen ihm den Kopf ab – die deutschen Monarchisten und Militaristen dagegen stellten ihn auf einen Sockel von überdimensionaler Größe.

Die Enthauptung der Väter

Im revolutionären Paris sah es für den symbolischen Vater ganz und gar nicht gut aus. Seine erhabenste Verkörperung wurde vom Thron gestürzt und endete 1793 unter der Guillotine. »Mit der Enthauptung von Ludwig XVI.«, kommentierte Balzac, »hat die Republik alle Familienväter enthauptet.«

Auch die Revolutionäre selbst, die ja im Namen der Brüderlichkeit auf die Barrikaden gingen, sahen ihren Umsturz als Frontalangriff auf jegliche väterliche Gewalt, wo immer sie sich in Staat und Gesellschaft zeigen mochte. In ihrem Artikel zum Stichwort »Kind« legten die Enzyklopädisten um Diderot dar, wie sie die künftige Rolle der Väter sahen: Sie sollten den Bedürfnissen des Kindes dienen und jegliche Gewalt über ihre Kinder verlieren, sobald diese ihre Hilfe nicht mehr brauchten. Die Republik sollte die Beziehung zwischen Vätern und ihren Kindern neu definieren, denn diese waren kein Eigentum der Väter, sondern Individuen und besaßen im Prinzip die gleichen Rechte wie alle anderen Bürger auch.

Für Voltaire, den Philosophen und radikalen Vordenker der Aufklärung und Revolution, war die Zerschlagung der Vätermacht in Staat, Gesellschaft und Familien nur die konsequente Fortsetzung des Kampfes, den er seit Langem gegen seinen eigenen Vater führte: Das römische Privileg des Vaters, seinen Sohn in einem öffentlichen Akt anzuerkennen, hatte Voltaire kurzerhand umgekehrt – indem er als Sohn sich sein Leben lang weigerte, seinen Vater anzuerkennen.

Für heutige Leser mag das wie eine melodramatische Geste aussehen, doch um 1780 hatte die »Gewalt« eines Vaters im wortwörtlichen Sinn absolutistische Ausmaße. Ohne seine Erlaubnis durften seine Kinder nicht heiraten und keine Berufsausbildung beginnen, selbst wenn sie 25 oder 30 Jahre alt waren. Der Vater übte die Gerichtsbarkeit in der Familie aus – er konnte seinen Sohn oder seine Tochter sogar in den Kerker werfen lassen, wo sie so lange darben mussten, bis er ihre Freilassung verfügte. Das väterliche Sorgerecht war, in Frankreich nicht anders als in

England oder Deutschland, ein Teil des Eigentumsrechts: Die Kinder gehörten dem Vater (und später beiden Elternteilen) genauso, wie er der Besitzer seines Hauses oder seines Hundes war.

Auch Voltaires Mitstreiter Jean-Jacques Rousseau stand mit der traditionellen väterlichen Gewalt auf Kriegsfuß: Seine eigenen vier Kinder überließ er der fragwürdigen Obhut der Findelhäuser – und in seiner pädagogischen Utopie »Emile oder Über die Erziehung« trat er leidenschaftlich dafür ein, die Kinder dem Einfluss des Vaters gänzlich zu entziehen. Nicht mehr dieser, wie der römische *pater familias*, sondern ein Fremder solle sie unterrichten, damit sie nicht länger als Untertanen des väterlichen Monarchen, sondern zu mündigen Bürgern heranwuchsen.

Rousseau und die französischen Enzyklopädisten hatten also erkannt, dass die Untertanen eines absolutistischen Königs und die Kinder in der »Gewalt« des Familienvaters gleichermaßen rechtlose Mündel waren – und sie waren die ersten, die schon Jahrzehnte vor Ausbruch der Revolution wortgewaltig forderten, beide Arten von Sklaven aus ihrem Joch zu befreien. Das unerhört neue Vaterbild wurde auch sogleich in Gesetze gegossen: Ab 1792 waren die Kinder mit 21 Jahren volljährig – von diesem Alter an sollten Söhne wie Töchter heiraten, Besitz erwerben oder Berufe erlernen können, ohne eine Erlaubnis des Vaters zu benötigen. Auch das Recht des Vaters, seine Kinder einzukerkern, wurde abgeschafft.

Ein weiteres Gesetz verbot den Vätern, unfolgsame Nachkommen zu enterben, und schrieb ihnen sogar vor, ihre Besitztümer zu gleichen Teilen ihren Kindern zu vermachen – das Aus für die traditionelle Vererbung an den erstgeborenen Sohn und für die testamentarische Bevorzugung der Söhne gegenüber den Töchtern. Um den »Egoismus der Familien« zu beschneiden, wurde für Jungen wie Mädchen überdies die Schulpflicht eingeführt: Wie von Rousseau in seinem *Emile* gefordert, begann die Ära der »fremden Väter«, der Lehrer, die alle Landeskinder in republikanischem Geist bilden und erziehen sollten, um die Macht der traditionellen Väter – auf Königs-, Papst- und Familienthronen – für immer zu brechen.

Das jahrtausendealte »abrahamitische« Privileg der Väter, ihre Söhne wie Schachfiguren einzusetzen und erforderlichenfalls zu opfern, war damit außer Kraft gesetzt – jedenfalls auf dem Papier.

Das Imperium schlägt zurück

Mit der französischen Revolution erhielt der symbolische Vater, das Vaterbild unserer Kultur, einen Schlag, von dem er sich nie mehr gänzlich erholte. In weiten Teilen Europas löste während des folgenden Jahrhunderts die Demokratie den königlichen Absolutismus ab, der Bürger den Untertanen, Gleichberechtigung der Geschlechter die patriarchale Männerherrschaft.

Das bedeutet jedoch keineswegs, dass sich die alte Väterwelt widerstandslos in Stücke schlagen ließ. Auch in Frankreich selbst folgte bekanntlich auf den Aufstand der Söhne die Restauration: die Konterrevolution der Väter.

Napoleon stellte die Monarchie wieder her und ließ sich zum Kaiser krönen – setzte sich somit selbst als Verkörperung des wiederauferstandenden symbolischen Vaters auf den Thron. Hierbei konnte er sich des Beifalls vieler Familienväter sicher sein, die ihre Macht über die »eigenen« Nachkommen nicht klaglos preisgeben mochten. Auch von juristischer Seite erhielt Napoleon Rückendeckung: Gegen Rousseau und Voltaire erklärten die Rechtsgelehrten die väterliche Autorität zum unabdingbaren »Naturrecht«.[8]

In der Folge wurde die revolutionäre Entmachtung der Väter zwar nicht wieder zurückgenommen, aber durch den Code Napoléon erheblich beschränkt: Die Nachkommen durften sich nun erst ab 25 Jahren nach eigener Wahl vermählen – auch wenn sie weiterhin ab dem 21. Lebensjahr als volljährig galten. Auch durften die Väter ihre Kinder wieder ins Gefängnis werfen lassen – bis zu einem Monat und ohne weitere Begründung, wenn der unfolgsame Nachwuchs noch keine 16 war; mit gerichtlicher Zustimmung und bis zu einem halben Jahr bei Kindern zwischen 16 und 21 Jahren.

Doch die Nebenväter in den Schulen und das neue Erbrecht blieben erhalten – und unterminierten auch im napoleonischen Kaiserreich weiterhin die hausväterliche Autorität. Traditionell denkende Väter empörten sich noch Jahrzehnte später gegen die Beschneidung überkommener Rechte, die heutzutage wohl kaum ein Vater mehr ernsthaft einfordern würde. Aus ihrer Sicht verwundert das kaum: Mit der Einführung republikanischer Schulerziehung und des egalitären Erbrechts büßte die abrahamitische Väterwelt zwei ihrer wichtigsten Stützpfeiler ein. Das Verbot, den Stammhalter gegenüber seinen Schwestern und den nachgeborenen Brüdern zu begünstigen, hatte unmittelbare Auswirkungen auf Macht und Reichtum der großen adligen wie der bürgerlichen Dynastien: Da sie nicht mehr in eine Hand vererbt werden durften, wurden ihre Familienvermögen mehr und mehr aufgesplittet. Um diese Zerstückelung zumindest zu begrenzen, entwickelte man teilweise dubiose Methoden: Besitzungen wurden für »unteilbar« erklärt[9], und unerwünschter Nachwuchs wurde »Engelmacherinnen« überlassen, die ursprünglich übrigens keine Abtreibungs-Pfuscherinnen, sondern ungetreue Ammen waren. Mit dem Einverständnis der Eltern ließen sie ein Kind verhungern oder auf andere Weise ums Leben kommen – und somit die Zahl der Erben sinken.

Preußische Überväter

Deutschland verfolgte, wie in seiner nationalen Entwicklung, so auch in der Geschichte der Vaterschaft einen unheilvollen Sonderweg. Mit den französischen Revolutionären sympathisierte zwar das liberale Bürgertum in Städten wie Frankfurt oder Berlin – die Fürsten und Könige aber, allen voran der preußische König und der Kurfürst (ab 1806 König) von Bayern, klammerten sich an ihren wankenden Thronen fest.

Entsprechend stürzte hierzulande auch der symbolische Vater am Ende des 18. Jahrhunderts noch nicht von seinem Sockel. Wie tief er gleichwohl vom epochalen Umsturz getroffen war, zeigte sich an der Starre, die ihn damals befiel: In all seinen Verkörperungen der folgenden anderthalb Jahrhunderte, ob als Preußenkönig, deutscher Kaiser oder gar als »Führer«, ähnelte er sehr viel eher einem hohlen Heldendenkmal seiner selbst, einem automatenhaften, schnarrend leblosen Wiedergänger als jenem Patriarchen der alten Väterwelt, deren selbstverständliches Fortbestehen er vorgaukeln sollte.

Die Märzrevolution 1848 war der halbherzige Versuch, den Aufstand der Söhne gegen die Väter, der Republikaner gegen die Feudalherrscher mit einiger Verspätung auch in Deutschland zu vollziehen. Nach ihrem Scheitern marschierten die deutschen Väter unter Führung der preußischen Militärmonarchie stramm zurück in die abrahamitische Vergangenheit: Wilhelm I., ab 1861 König von Preußen, nach der deutschen Einigung zehn Jahre später auch zum deutschen Kaiser gekrönt, hatte sich bereits in seiner Jugend den Beinamen »Kartätschenprinz« erworben, weil er die Märzrevolution durch Kanonenbeschuss beenden wollte.

Der preußische Offizier und der so autoritäre wie obrigkeitshörige kaiserliche Beamte, den Heinrich Mann in seinem Roman »Der Untertan« porträtiert hat, wurden zu Phänotypen des deutschen Vaters und Mannes. Anders als die Väter im revolutionären Frankreich wurden die deutschen »Familienoberhäupter« jener Zeit also weder gestürzt noch auch nur in ihren Rechten gestutzt. Das »Preußische Allgemeine Landrecht« von 1794 unterstellt die Kinder »vorzüglich der väterlichen Gewalt«. Gut hundert Jahre darauf ist im Bürgerlichen Gesetzbuch zwar stattdessen von »elterlicher Gewalt« die Rede, gemeint ist aber noch immer der männliche Elternteil: »Der Vater hat kraft der elterlichen Gewalt das Recht und die Pflicht, für die Person und das Vermögen des Kindes zu sorgen«. Erst wenn der Vater nicht mehr am Leben oder aus anderen Gründen außerstande war, fürstliche »Gewalt« über seine Familie auszuüben, konnte die Mutter stellvertretend seine Rechte wahrnehmen – gewiss ein Fortschritt gegenüber früheren Jahrhunderten, in denen nach dem Tod des Vaters sowohl die Kinder als auch die Mutter unter landesherrliche Vormundschaft gestellt wurden; doch gemessen am freiheitlichen Geist im Nachbarland Frankreich blieben zumal die deutschen Kinder bis weit ins 20. Jahrhundert rechtlose Untertanen ihrer Väter.

Von Gleichberechtigung der Geschlechter war im kaiserlichen Kriegerreich ohnehin keine Rede, aber auch die Bevorzugung der Söhne war ein mehr als zweifelhaftes Privileg. Die Jungen wurden in militärischem Geist erzogen; waren sie herangewachsen, so bestand ihre »patriotische Pflicht« einzig darin, dem Vaterland zu dienen.

Das alte abrahamitische Projekt war immer noch gelebte Realität. Doch die Begründer des deutschen Reichs waren nicht nur mit ihren Kolonialmachtträumen historisch allzu spät dran; die damaligen Großmächte hatten die Welt längst unter sich aufgeteilt. Auch das Gesellschaftsbild der reaktionären Junker und insgesamt der aristokratischen Oberschicht passte weit eher zum Mittelalter als zur heraufziehenden Moderne: Während die kaiserlichen Propagandisten von der Wiedererrichtung eines Ständestaats mit adligen Herren und bäuerlichen Untertanen träumten, begann die industrielle Revolution das gesamte Sozialgefüge von unten her zu zermahlen.

Der Vater verliert seine Würde

In der ersten Hälfte des 19. Jahrhunderts war die Bevölkerungszahl auf deutschem Territorium stark angewachsen – und mit ihr die Zahl der Handwerksbetriebe. Diese jedoch waren von der raschen Ausbreitung der Fabriken im Zuge der Industrialisierung besonders betroffen: Zehntausende kleine Handwerksmeister, die sich selbst und ihre Familien mit einer Schneiderwerkstatt, als Schuster oder Schmiede ohnehin eher mühsam durchgebracht hatten, mussten vor der industriellen Konkurrenz kapitulieren und ihre Betriebe schließen. Viele von ihnen durften noch froh sein, wenn sie eine Stelle als Arbeiter in einer der Fabriken erhielten, die ihre Lebensgrundlage zerstört hatten.

Für sie selbst und ihre Familien bedeutete dies eine krasse Veränderung der Lebensverhältnisse. Auf dem Land hatten sie als Bauern oder Handwerker meist im eigenen Haus gelebt und gewirtschaftet, das Nötigste an Feldfrüchten angebaut und vielleicht auch ein Schwein oder Hühner im Stall gehalten. Nun aber mussten sie all das hinter sich lassen und in eine der wuchernden Städte ziehen, wo sich die Fabriken befanden. Wie die Historiker errechnet haben, lebten um 1870 noch zwei Drittel der Deutschen auf dem Land – nach dem Ersten Weltkrieg, also nur 50 Jahre später, hatten sich die Verhältnisse glattweg umgekehrt: Nun lebten bereits zwei Drittel der deutschen Bevölkerung in den Städten.[10] Die Wohnungen der Arbeiter waren eng, düster und feucht – meist hausten Eltern und ein halbes Dutzend Kinder oder mehr in einem einzigen Zimmer, nicht selten im fünften oder siebten Stockwerk ohne fließendes Wasser. Die Folge waren zahlreiche Krankheiten durch mangelnde Hygiene, die sich in den übervölkerten Arbeiterquartieren rasch ausbreiten konnten.

So demütigend wie die Wohnverhältnisse waren auch die Arbeitsbedingungen: Im Gegensatz zum Handwerker benötigte der Proletarier keine speziellen Fertigkeiten mehr – raffiniert war fortan nur noch die Maschine, die er als austauschbarer Handlanger bediente. Daher wurde seine Arbeit miserabel bezahlt, und all die Kenntnisse, all das Brauchtum, die bis dahin die Würde der selbstständigen Handwerker begründet hatten, waren mit einem Schlag nutzlos geworden.

Jahrhundertelang hatten sie ihr Wissen auf ihre Söhne vererbt, manche Werkstätten bestanden bereits in sechster oder siebter Generation, und entsprechend stolz waren die Familien auf ihren bürgerlichen »Stammbaum«. Nun musste nicht nur der Vater selbst seine Werkstatt zusperren und unter elenden Bedingungen 90 Stunden pro Woche in der Fabrik arbeiten – durch seinen Sturz riss er auch seinen Sohn auf die Stufe eines Proletariers hinab. Es gab nichts mehr, was er seinem Sohn vermachen konnte, und ebenso wenig vermochte er, wie bis dahin üblich, seine Töchter mit den Söhnen anderer Handwerksmeister zu verheiraten. Die Mädchen vermählten sich nun mit Arbeiterjungen.

Selbst wenn ein Krämer oder Handwerker nach seinem Bankrott in der Fabrik Arbeit gefunden hatte, reichte der Lohn oftmals nicht annähernd aus, um seine Nachkommen zu ernähren. Folglich mussten auch seine Söhne und seine Frau in die Fabrik arbeiten gehen, damit die Familie nicht verhungerte. Was mag den zum Proletarier herabgesunkenen kleinen Handwerksmeister tiefer gekränkt haben: dass sein »Stammhalter« und ausersehener Erbe sich als Kindersklave verdingen musste – oder dass er auch die Mutter seiner Kinder vor diesem Schicksal nicht bewahren konnte? Wenn er seine Söhne nichts mehr zu lehren und zu vererben, die »Seinen« nicht zu ernähren und nicht einmal mehr zu beschützen vermochte, was blieb dann noch übrig von seiner angestammten väterlichen Autorität?

Mit eben erst acht oder neun Jahren mussten kleine Kinder um 1880 in der Fabrik mithelfen, oftmals 14 Stunden am Tag, oder auch im Kohlenbergbau, wo man sie in Stollen kriechen ließ, durch die sich kein erwachsener Mann zwängen konnte. Aber auch wenn sie in der Fabrik meist grausam ausgebeutet wurden, wird gewiss nicht jeder Junge das Ende der häuslichen Väterherrschaft als

Verlust empfunden haben. Denn was die Märzrevolutionäre in Deutschland nicht geschafft hatten, wurde durch die industrielle Revolution zumindest für die Kinder armer Leute hierzulande mit einem Schlag real: Das Joch der väterlichen Gewalt fiel von ihnen ab.

Mehr noch für die Frauen am unteren Ende der Gesellschaft hatte der Sturz ihrer Männer einen handfesten Vorteil: Sie verdienten erstmals eigenes Geld. Während der Arbeit, so zermürbend die sein mochte, waren sie nicht länger der Gängelei durch ihre Ehemänner ausgesetzt. In der englischen Textilindustrie des 19. Jahrhunderts beispielsweise wurden weibliche und minderjährige Fabrikarbeiter den Männern sogar vorgezogen, weil sie billiger und willfähriger waren: So kam es nicht selten vor, dass der Vater weniger Geld verdiente als seine Frau. Entsprechend wuchs das Selbstbewusstsein der Arbeiterfrauen, und auch ihre gesellschaftliche Wertschätzung stieg in bemerkenswerter Weise: Moralprediger in Kirchen und Zeitungen, Mediziner und staatliche Instanzen überboten einander auf einmal in Hymnen auf die Unterschichtsmütter, die ihre Kinder sittlich streng erzogen – und in Ermahnungen der entwurzelten Proletarierväter, sich vor den »Sirenengesängen der Sozialisten« und dem »Laster der Trunksucht« zu hüten.

Tatsächlich heben die allgemeinen Lobgesänge auf angeblichen »Mutterinstinkt« und die unvergleichlichen Vorzüge der Mutterschaft just in diesem historischen Augenblick an, in dem der Vater aus dem häuslichen Alltag zu verschwinden beginnt. Um die Familien zu erreichen, hatten sich Ämter und Ärzte noch wenige Jahrzehnte vorher ausschließlich an die Väter gewandt. Nun aber zogen sie es vor, direkt die Mütter anzusprechen – wer sonst konnte für eine moralisch einwandfreie Erziehung der Kinder sorgen? Wer anderes als sie sollte in den Familien die neuen Hygienevorschriften durchsetzen, die um die Wende zum 20. Jahrhundert aufkamen?

Zur gleichen Zeit beginnen die Erziehungshandbücher den Arbeitervätern die nötige »Erziehungsqualität« abzusprechen. Auch kleine Beamte und Krämer seien nicht in der Lage, ihre Familie so zu ernähren und ihre Kinder so zu erziehen, wie es die Pflicht des Vaters sei. In weiten Teilen der Gesellschaft hatten die Väter und Ehemänner praktisch über Nacht die Kontrolle über die familiären Belange weitgehend verloren: Als Fabrikarbeiter wie auch als Angestellte nahm im industriellen Frühkapitalismus nicht nur ihre Macht über die Familie ab – sie wurden vor allem für ihre Kinder mehr und mehr unsichtbar.

Väterdämmerung

Wenn Vaterschaftsgeschichtler wie Alexander Mitscherlich (»Auf dem Weg zur vaterlosen Gesellschaft«) oder Luigi Zoja (»Das Verschwinden der Väter«) das historische Unsichtbarwerden der Väter beschreiben, schwingt stets ein melancholischer Unterton mit. Aber bedeutet die seit nunmehr einem Jahrhundert vielstimmig beklagte »Abwesenheit der Väter« wirklich einen Verlust – zumal für die Söhne? Müssten wir, anstatt den Familienvater in irgendwelche angeblich natur- oder gottgewollten Rechte und Pflichten wieder einzusetzen, nicht sehr viel eher dafür sorgen, dass die väterlichen Aufgaben endlich konsequent auf Instanzen übertragen werden, die diese auch erfüllen können – der überfällige letzte Schritt, um die Kinder aus feudalen Besitztumsverhältnissen zu befreien?

Der Vater ist kein Vorbild mehr

Bereits zur vorletzten Jahrhundertwende jedenfalls hätte es für die Söhne auch dann keinen Sinn mehr ergeben, sich nach dem Modell ihrer Väter zu formen, wenn diese wie in früheren Zeiten im Familienalltag präsent gewesen wären. Solche Nachahmung des Vaters und seiner Fertigkeiten bedeutete seit der industriellen Revolution allenfalls noch, sich auf etwas zu spezialisieren, das in dem Moment, da der Junge es einüben sollte, bereits rettungslos veraltet war.

Wäre er im 14. oder selbst noch im 18. Jahrhundert als Bauernsohn aufgewachsen, er hätte durch Imitation der Fähigkeiten, des Wissens und Charakters seines Erzeugers immerhin ein Fundament erworben, auf dem er auch sein eigenes Leben hätte aufbauen können. Auch im »goldenen Zeitalter« der Handwerkskünste war es für einen Jungen meist vorteilhaft, die Fertigkeiten, das Wissen und Brauchtum des väterlichen Lehrmeisters zu übernehmen. Aber bereits im späten 19. und zu Beginn des 20. Jahrhunderts war nahezu jede Alternative besser: War der Vater ein kleiner Handwerksmeister oder Händler gewesen, so war seine Werkstatt entweder schon bankrott oder kurz davor. Stammte der Junge dagegen aus den wohlhabenden oberen Schichten der Gesellschaft, so konnte die Familie ihm den Besuch der neuartigen Ober- und Hochschulen finanzieren, die zeitgemäßes, Zukunft erschließendes Wissen vermittelten – und damit ungleich vielfältigere Möglichkeiten eröffneten als die Übernahme eines Familienbetriebs, wie angesehen und traditionsreich der auch sein mochte. Nicht selten weigerten sich nun die Söhne, die Nachfolge des Vaters im Traditionsunternehmen anzutreten, selbst wenn dieses nicht in wirtschaftlichen Schwierigkeiten war. Das »väterliche Erbe« hatte für sie alle Strahlkraft verloren, die Tradition der Väter stand für Rückständigkeit und Enge, der sie sich auf jede Weise zu entwinden versuchten.

Nicht anders als in Frankreich gab es auch im deutschen Kaiserreich gegen Ende des 19. Jahrhunderts leistungsfähige Gymnasien und Universitäten. Die Lehrer konnten den Jungen, sofern diese aus besser gestellten Kaufmanns- oder Fabrikantenfamilien stammten, ungleich mehr Wissen und Fertigkeiten vermitteln, als ihre leiblichen Väter es jemals vermocht hätten. Allenfalls die gutbürgerlichen Väter selbst weinten da noch den Zeiten nach, als die Söhne auf die hausbackene Pädagogik und das meist überholte Wissen ihrer mehr oder minder gebildeten Erzeuger angewiesen waren. Dennoch blieb gerade den bürgerlichen Familienoberhäuptern gar keine andere Wahl, als ihren heimischen Macht- und Bedeutungsverlust selbst voranzutreiben: Ihr Erfolg beruhte allein auf Wissen und Leistung, also mussten sie dafür sorgen, dass auch ihre Söhne entsprechend erzogen und ausgebildet wurden. Ihre Aufgabe als Familienernährer hielt diese Väter von ihren Kindern fern – und zwang sie, ihre Erziehungspflichten weitestgehend an Hauslehrer oder schulische Pädagogen abzutreten.

Nicht von ungefähr sahen so schon die bürgerlichen Väter des 19. Jahrhunderts ihre Autorität immer häufiger infrage gestellt: Stolz auf ihren sozialen Aufstieg, forderten sie die Söhne auf, ihrem Beispiel nachzueifern – doch im Alltag der Jungen spielten da bereits diverse pädagogische Nebenväter eine weit bedeutendere Rolle als ihre am Sonntagstisch sich aufplusternden Erzeuger. Die bürgerlichen Erziehungsratgeber des späten 19. Jahrhunderts geben sich alle Mühe, die Väter über ihre beruflich bedingte Abwesenheit hinwegzutrösten: Wäre der Vater »immer anwesend ohne Arbeit, so würde instinctmäßig des Kindes Achtung ihm nie werden, wie sie dem Hausherrn gebührt«.[11] So aber erhält der Vater zumindest noch Achtung, weil er den Wohlstand der Familie garantiert, in der er selbst jedoch mehr und mehr zum Fremden wird. Seine Autorität muss vor »Abnützung« geschont werden, wie die Ratgeber zu Ende des 19. Jahrhunderts mit auffallender Übereinstimmung argumentieren. Gut also, dass der Vater ohnehin selten zu Hause ist – dadurch werde »sein Ansehen« bei den Kindern »mehr geschützt, als jenes der Mutter«.

Auch für die Jungen aus den unteren Schichten gewannen die Lehrer als Nebenväter an Bedeutung: Eine Schulpflicht bestand in Preußen bereits seit 1763 und wurde im Verlauf des 19. Jahrhunderts in ganz Deutschland eingeführt. Allerdings bewegte sich der Unterricht in den Dorf- und Volksschulen lange Zeit auf erbärmlichem Niveau – die Lehrer für die Kinder armer Leute, die etwa Preußen aufbot, waren oftmals entlassene Soldaten, die teilweise selbst kaum lesen und schreiben konnten.

Für die Väter in den Dörfern, die sich und ihre Familien mit knapper Not als Bauern oder kleine Handwerker durchbrachten, bedeutete jedoch selbst diese Konkurrenz einen zweifachen Verlust: Der schulpflichtige Sohn stand als Arbeitskraft im häuslichen Betrieb nur noch eingeschränkt zur Verfügung – und selbst die rudimentäre Bildung, die die Dorfschullehrer vermittelten, kehrte das Verhältnis zwischen den Generationen tendenziell um. Plötzlich waren es die Väter, die bei ihren Söhnen Rat einholen, sich ein Schriftstück entziffern lassen mussten – und die Söhne forderten auf einmal den Respekt ein, der jahrhundertelang ihren Erzeugern vorbehalten gewesen war.

Auch in den Städten endete der Volksschulunterricht nach allenfalls acht Jahren. Auf der Suche nach Arbeit oder einfach müßig umherstreunend trieben sich die Söhne der Fabrikarbeiter herum – und ein Großteil der Männer, die sie beobachten konnten, musste ihnen weit imposanter scheinen als der eigene Erzeuger. Eine Vielzahl von ihnen war offenbar reicher, besser gekleidet, wirkte selbstsicherer und bot ihrer Familie ein angenehmeres Leben, als es ihr Vater jemals gekonnt hatte. Wie viel ein proletarischer Vater auch arbeitete, er verdiente nie genug, um alle Mäuler zu stopfen, geschweige denn, Arztbesuche oder Ersatz für zu klein gewordene Kinderkleidung zu bezahlen. So waren sie mehrheitlich »chronisch depressiv«, wie Vaterschaftsforscher Zoja mutmaßt – und für ihre Stimmung und ihr Selbstwertgefühl war es gewiss nicht förderlich zu spüren, dass ihre Söhne sich ihrer schämten.[12]

Auch die Arbeit wird unsichtbar

Mit der fortschreitenden Industrialisierung ging der Anteil weiblicher Fabrikarbeiter hierzulande bereits um 1890 wieder deutlich zurück. Verbesserte Gesetze und Arbeitsschutzregelungen verbaten Kinderarbeit und machten den Einsatz von Frauen an den Maschinen weniger attraktiv – ihre Arbeitskraft durfte nicht länger grenzenlos ausgenutzt werden. Die Frauen, die auf den Höfen und in den Werkstätten der kleinen Handwerker noch zusammen mit ihren Männern gearbeitet hatten, wurden damit in den Städten zu reinen »Hausfrauen«, denen die Erziehung der Kinder nahezu allein überlassen blieb. Die Väter nämlich verschwanden nun vollends aus dem Alltag der Familien.

Die Arbeitsstätten der Proletarier waren meist weit von den Wohnungen entfernt, und so kehrten die Männer oftmals nur in großen Abständen nach Hause zurück. Die Tage verbrachten sie im Lärm der Maschinenhallen, die Nächte in der Ödnis der Arbeiterschlafsäle. Aber auch Mittelschichtsväter mit besserer Schulbildung, die als Büroangestellte in der Stadt arbeiteten, in der sie mit ihrer Familie wohnten, wurden für ihre Kinder unsichtbar – und das gleich im zweifachen Sinn: Sie selbst gingen frühmorgens aus dem Haus und kehrten oftmals erst zurück, wenn zumindest die Kleinsten schon wieder schliefen. Und worin die Arbeit ihrer Väter bestand, durch welche Verrichtungen sie Geld verdienten, blieb für die Kinder ein unergründliches Rätsel.

Was säen und ernten, ein Hufeisen schmieden oder einen Anzug schneidern bedeutet, wussten die Jungen vorindustrieller Zeiten aus eigener Anschauung. Ohnehin handelte es sich bei bäurischen oder einfachen handwerklichen Arbeiten um konkrete, handfeste Tätigkeiten, die man notfalls auch dann begreifen konnte, wenn man sie nur vom Hörensagen kannte. Was war das jedoch für ein Beruf, bei dem der Vater Zahlen von einem Buch in ein anderes abschrieb? Oder gar, wenn er Räder und Hebel an dröhnenden Maschinen bediente – wodurch auf unbegreifliche Weise Blechstücke oder Tuchbahnen entstanden? Die Väter wussten oftmals selbst kaum, was sie da an ihren Arbeitsplätzen taten, wozu ihre Handbewegungen dienten, geschweige denn, für welche Herren sie welche Waren produzierten oder Dienstleistungen erbrachten.

Für die Familie wurden die Väter so buchstäblich zu Fremden – und die modernen psychologischen Theorien, allen voran die Wiener Schule Sigmund Freuds, erklärten diese neuartigen Verhältnisse sogleich zur zivilisatorischen Notwendigkeit. So wie Philosophen und Sittenlehrer in früheren Zeiten die Bedeutung der Väter für die Entwicklung der Kinder übertrieben hatten, strichen nun die modernen Psychologen und Enzyklopädisten die Wichtigkeit der Mütter für die seelische Entwicklung der Kinder hervor. Da die Ökonomie eine neuartige Organisation der Familien erzwang, erhoben Forscher und Meinungsmacher die Mutter zur natürlichen Erzieherin ihrer Kinder. Den Vater dagegen erklärte etwa die psychoanalytische Theorie zum »Fremden«, zur spät und dann auch nur sporadisch auftauchenden Verkörperung der »Außenwelt«.

Zwar war der Vater als physische Person gerade erst durch die industrielle Revolution aus dem Haus vertrieben worden, aber seine einstige Autorität als gottähnlicher Hausvater war bereits in den Jahrhunderten davor mehr und mehr zerbröckelt. Gegen Anfang des 20. Jahrhunderts ruhte seine Macht schon nur noch auf einer allerletzten Säule – der wirtschaftlichen Abhängigkeit der Familie von ihm als dem allein rechts- und geschäftsfähigen »Oberhaupt«. Als er nun gezwungen wurde, seine Familie für immer längere Perioden sich selbst zu überlassen, da begannen seine Autorität und sein Einfluss vollends zu kippen: Er wurde zum »fremden Vater«, einer abstrakten Größe, die in der Psyche seiner Kinder kaum mehr einen individuellen Abdruck hinterließ.

Die traditionell »väterlichen« Aufgaben übernahmen nun die Mütter. Sie assistierten den Lehrern, indem sie die Jungen bei den Schularbeiten beaufsichtigten, sie abfragten und Hausaufgaben kontrollierten, soweit ihre eigene Bildung es ihnen erlaubte. Sie ermahnten die Söhne, rechtzeitig zur Schule zu gehen und jederzeit Gott und den

Kaiser zu ehren – und bewährten sich so als Erfüllungsgehilfinnen des symbolischen Vaters, der im Jahrhundert der großen Kriege nicht bloß in Deutschland fast nur noch in Uniform auftrat.

Vatermassaker

Als Abraham-Paradox habe ich die Zweischneidigkeit der väterlichen Liebe zu seinem Sohn bezeichnet: Seit alttestamentarischen Zeiten kann die Fürsorge des Vaters jederzeit in ihr Gegenteil umschlagen, wenn ein – ob himmlischer oder profaner – Übervater befiehlt, seinen Sohn für den großen Plan der Väter zu opfern.

An die Stelle des biblischen Gottvaters trat im Lauf der europäischen Geschichte das jeweilige »Vaterland«, mit monarchischen Übervätern an der Spitze, die von den realen Vätern im Prinzip nichts anderes forderten als einst der Herr im Himmel von Abraham.

Zu Anfang des 20. Jahrhunderts hatten unglücklicherweise zahlreiche europäische »Vaterländer« das alttestamentarische Wachstumsprogramm beherzigt und erwarteten zuversichtlich, dass sich die Verheißung allein für sie erfüllte: *Deine Nachkommen sollen das Tor ihrer Feinde einnehmen.* Tatsächlich aber war die Aufrüstung und Mobilmachung der Nationalstaaten in den beiden Weltkriegen ein Aufbäumen der alten Väterwelt, die durch republikanische und industrielle Umwälzungen längst untergraben war.

Für Kaiser, Gott und Vaterland

Mit der Industrialisierung hatte die überkommene Väterherrschaft den größten Teil ihrer materiellen Basis verloren. Das Wissen und die Fertigkeiten der Väter waren durch die neuen Produktionsverfahren und die überlegene Konkurrenz der Lehrer wie auch der ersten Massenmedien (Zeitungen, Zeitschriften) entwertet worden. Das immobile Familienvermögen, auf das sich die Macht der Väter jahrhundertelang gestützt hatte, büßte zugunsten mobilerer Vermögenswerte – Geld, Aktien, Anleihen – ebenfalls rapide an Wert ein.

Gleichwohl empfiehlt ein »Ratgeber für den guten Ton« aus dem Jahr 1910 dem deutschen Vater, seine Söhne »mit seiner ganzen Autorität« zu erziehen: »Der Mann muss Schierling trinken und in Lava baden können, wenn es gilt, um für andere und fürs Gute zu handeln und zu leiden.«[13] Willkommen auf Vaters Schlachtbank.

Tatsächlich hatte sich die Bedeutung des Familienvaters zu dieser Zeit bereits weitgehend auf die Rolle des Repräsentanten von Staat und Gesellschaft innerhalb der Familie verengt – des gehorsamen Sohns also, der dem Vaterland in abrahamitischer Tradition seinen eigenen Sohn als Opfer zuführt.

Vor allem »opferfreudigste Bereitwilligkeit« – so ein Handbuch von 1893[14] – wurde den Landessöhnen abverlangt, als nun also auf die Tragödie (in mehreren Akten von der französischen bis zur industriellen Revolution) die blutige Farce folgte: die großen vaterländischen Kriege, mit denen der symbolische Vater seinen Sturz ungeschehen zu machen versuchte – und sich stattdessen vollends ruinierte.

Wohl niemals hatte der abstrakte Übervater mit seiner ewigen Gier nach Sohnesopfern bezwingendere Gestalt angenommen als in den Nationalstaaten der Kaiserzeit. Besonders in Deutschland fanden sich die einzelnen Familienväter in lückenlose Hierarchien eingegliedert, mit übergeordneten Vätern in Unternehmen, Kasernen und Regierung, in den Kirchen und obenan auf dem Monarchenthron, die allesamt das Gleiche forderten: Opferung der Landessöhne für »Kaiser, Gott und Vaterland«.

So marschierten nun die Väter nicht selten gemeinsam mit ihren männlichen Nachkommen aufs Schlachtfeld hinaus, mit Jubel von Frauen und Kindern verabschiedet – und von den Priestern, die ihre Gewehre und Kanonen segneten: im Namen des Vaters und des Sohns.

Einige Zahlen:

- Im ersten Weltkrieg kämpften auf deutscher Seite insgesamt über 13 Millionen Männer zwischen 21 und 45 Jahren – mehr als zwei Millionen von ihnen starben;
- in Russland fielen 1,7 von 15 Millionen Kämpfern;
- in Frankreich kamen 1,4 von insgesamt 8,5 Millionen Soldaten um;
- Serbien verlor 1,1 Millionen Menschen – fast ein Viertel seiner Einwohner und mehr als die Hälfte seiner männlichen Bevölkerung.

So wuchs bereits im und nach dem ersten Weltkrieg in ganz Europa ein großer Teil der Kinder in buchstäblichem Sinn vaterlos auf.

Aber worin unterschied sich diese Absenz der Väter von ihrer Abwesenheit vor dem Krieg, die nicht durch vaterländische Pflichten, sondern durch die Arbeitsökonomie erzwungen war? Als Erzieher ihrer Kinder, als Modell für ihre Söhne waren die Väter schon lange vorher praktisch aus den Familien ausgeschieden und tauchten dort allenfalls noch als Wochenendheimkehrer, wenn nicht sogar nur ein paar Mal im Jahr zu kurzem Heimurlaub auf.

Seit Jahrzehnten waren sie mehr und mehr unsichtbar geworden, hatten ihren Platz im Alltag, in den Gedanken und Herzen der »Ihren« weitgehend verloren – und vielleicht sind sie nicht zuletzt deshalb so bereitwillig in den Krieg marschiert: weil ihnen ihr Heim so fremd geworden war.

Doch die symbolischen Väter in Deutschland und ganz Europa kamen durch die maßlosen Sohnesopfer bekanntlich keineswegs wieder zu Kräften – im Gegenteil. Der deutsche Kaiser musste abdanken und ins niederländische Exil fliehen, der österreichische Kaiser wurde verbannt, in Russland stürzte der Zar – überall dort, wo sich die alte Väterwelt noch gegen ihren Untergang gestemmt hatte, wurde nun mit Macht nachgeholt, was die französischen Revolutionäre vor mehr als einem Jahrhundert vorgemacht hatten: der Aufstand der Söhne gegen die drückende Herrschaft der Väter. Allerdings fehlte es einem Großteil der Weimarer Republikaner und Demokraten an der Zuversicht, die einst die Pariser Barrikadenstürmer beflügelt hatte: dass die »vaterlose« eine freiere, ja befreite Gesellschaft wäre.

Wie Vaterschaftsforscher Hartmut Radebold ausführt, wurde in der Weimarer Republik durchaus versucht, die Folgen der realen Vaterlosigkeit zu erforschen und zu mildern, von der Millionen Kriegswaisen betroffen waren. Dabei ging es natürlich vor allem um die Jungen. Allerdings sorgten sich die öffentlichen Mahner weniger um eine drohende Verwahrlosung als wegen der angeblichen »Verweichlichung der Söhne«, die allein von ihren Müttern erzogen würden. Die vaterländische Gesinnung dieser Jungen sei in Gefahr, hieß es allen Ernstes, wenn sich nicht national eingestellte Männer um ihre Erziehung kümmerten.

1925 wurde in Württemberg sogar eine empirische Studie durchgeführt – mit dem Ergebnis, dass vaterlos aufwachsende Jungen unter der »Unsicherheit, Ängstlichkeit, Inkonsequenz und Unstetigkeit« der Mütter litten, sofern diese nicht »starke Persönlichkeiten« seien und männliche Verwandte sie bei der Erziehung unterstützten. Frauen könnten sich nun einmal in »spezifisch knabenhafte Betätigungsweisen« nicht hineindenken, erklärten die Vorkriegs-Forscher – mit der Folge, dass die Söhne sich entweder zu »kleinen Tyrannen« entwickelten oder im Gegenteil allzu »feminine Strukturen« entwickelten. Viele Jungen hätten ihre abwesenden Väter zu »Helden« idealisiert und schlössen sich in der Pubertät älteren Jugendlichen oder Heranwachsenden an, die in ihren Augen »männliche Tugenden« verkörperten.[15]

Die falschen Väter

Glückliches Frankreich, dessen republikanischer Umsturz »nur« einen Napoleon als Konterrevolutionär auf den Plan rief. In Deutschland kam es bekanntlich weit ärger: Mit den Nationalsozialisten gelangte eine ganze Riege bis dahin unvorstellbarer Horrorväter an die Macht.

Zu Dimensionen und Folgen des zweiten Vatermassakers wiederum einige Zahlen: 24,4 Millionen gefallene Soldaten, davon 3,2 Millionen in Deutschland. Nach Berechnungen von Hartmut Radebold kam durch den zweiten Weltkrieg jeder achte männliche Deutsche ums Leben, in den ehemaligen Ostgebieten sogar jeder fünfte. Betrachtet man die Gefallenen nach Altersgruppen, so wird klar, dass vor allem die jungen Väter und die eben erst erwachsen gewordenen Söhne hierzulande für den Plan der (diesmal) braunen Überväter ihr Leben ließen.

Es fielen

- 45 Prozent der 20- bis 25-jährigen,
- 56 Prozent der 25- bis 30-jährigen,
- 36 Prozent der 30- bis 35-jährigen,
- 29 Prozent der 35- bis 40-jährigen deutschen Soldaten,
- jeweils über 30 Prozent der Rekruten jedes nach 1920 geborenen Jahrgangs.

Zu den 3,2 Millionen toten deutschen Soldaten kamen noch einmal so viele Kriegsgefangene, die sich 1947 in alliierten und sowjetischen Gefangenenlagern befanden; mehr als eine Viertelmillion von ihnen kehrte erst 1949 aus der Kriegsgefangenschaft zurück – nach bis zu zehnjähriger Abwesenheit. Ein erheblicher Teil jener deutschen Männer, die das größte Massaker aller Zeiten überlebt hatten, war für den Rest ihres Lebens körperlich versehrt: Mehr als 2,1 Millionen Kriegsinvalide wurden Ende 1950 allein im Gebiet der alten Bundesrepublik registriert. Seelisch und nervlich lädiert waren sie wohl alle, die aus Bunkern und Schützengräben wieder hervorgekrochen waren.

Was bedeutete diese monumentale Selbstauslöschung der deutschen Männer für ihre Familien?

- Nach dem zweiten Weltkrieg gab es in Deutschland 1,7 Millionen Witwen und 2,5 Millionen Halb- und Vollwaisen,
- etwa ein Viertel aller deutschen Kinder wuchs nach dem Krieg ohne Väter auf,
- die Kinder der Jahrgänge 1929 bis 1931 wuchsen zu 73 Prozent vaterlos auf (neun Prozent wegen Tod des Vaters, 64 Prozent wegen Gefangenschaft oder sonstiger Kriegsfolgen),

- die Kinder der Jahrgänge 1939 bis 1941 waren sogar zu 86 Prozent vaterlose Halbwaisen (16 Prozent durch den Tod des Vaters / 70 Prozent durch Gefangenschaft und andere Kriegsfolgen),
- in West- und Ostdeutschland zusammen starben 21,1 Prozent der Väter aller Kinder der Jahrgänge 1929 bis 1932 im Krieg oder in der Kriegsgefangenschaft.[16]

Wie wirkte sich dieses vaterlose Aufwachsen speziell auf die Söhne der gefallenen, gefangenen oder vermissten Soldaten aus? Vaterforscher Helmut Petri spricht von einem »Trauma der Vaterlosigkeit«, das seit der Weimarer Republik von einer Generation zur nächsten weitergegeben worden sei[17]: Die Kriegswaisen des ersten Weltkriegs zogen als Väter in den zweiten Weltkrieg und hinterließen noch sehr viel mehr vaterlos aufwachsende Söhne – die schließlich, als erste Generation von Vätern, die sich massenhaft scheiden ließen, eine Millionenschar von Scheidungswaisen produzierten.

Das klingt jedoch nur auf den ersten Blick einleuchtend. Welches Verlassenheitstrauma hätte dann die im ersten Weltkrieg gefallenen Soldaten angetrieben – wurden sie bereits durch ihre Väter seelisch verstört, weil die als Proletarier oder Kanzlisten aus dem häuslichen Alltag verschwanden? Wie weit muss man in die Vergangenheit zurückgehen, um eine Generation von Söhnen zu finden, die ohne das »Drama der Vaterentbehrung« aufgewachsen sind?

Sehr viel nahe liegender scheint mir dieser Zusammenhang: Nicht die Söhne wurden traumatisiert, weil ihre Väter sie verließen, sondern die Väter reagierten mit jeder Generation panischer und theatralischer auf die

Erosion ihrer einstmals unumschränkten »Gewalt« über ihre Familie und speziell über die Söhne. Das zweifache Massaker der beiden Weltkriege war der Höhe- oder besser wohl Tiefpunkt des reaktionären Aufbegehrens der alten Väterwelt gegen eine Entwicklung, die schon zu Kaisers Zeiten weit fortgeschritten war. Die Familienväter waren nicht nur längst keine Herren im eigenen Haus mehr, sondern wurden im häuslichen Alltag schlichtweg nicht mehr gebraucht – oder allenfalls als Schreckgespenst, mit dem die Mutter drohen konnte, wenn der Sohn über die Stränge schlug.

Schon die Erziehungshandbücher des 19. Jahrhundert enthalten lange Listen der Fehler und Versäumnisse, die den Vätern bis heute vorgeworfen werden: Sie seien zu häufig abwesend, bürdeten ihren Frauen die Erziehung auf, seien mehr an Beruf und Profit als an ihren Kindern interessiert. Mit den Kindern seien sie zu ungeduldig und überließen sie lieber den Müttern und Lehrern. Beklagt wird insgesamt der »Niedergang der väterlichen Erziehungsgewalt«, so im Handbuch »Auctorität« von 1877: Bei der Kleinkinderziehung sei der Vater nach neueren Erkenntnissen entbehrlich – und ob er sich als Erzieher und Lehrer seiner älteren Kinder eigne, sei durchaus zweifelhaft.[18]

Man kann in der Kulturgeschichte weit zurückreisen, bis an den Punkt, an dem die Väterherrschaft noch glanzvoll und ungebrochen war – und stößt doch im Kern immer auf denselben Befund: Die Beziehung des Vaters zum Sohn hat stests eine helle und eine dunkle Seite. Wenn die Söhne unserer Kultur durch irgendetwas zutiefst »traumatisiert« sind, dann durch die seit Abrahams Zeiten eingefleischte Bereitschaft der Väter, sie für vaterländische Zwecke zu opfern.

Nieder mit den Vätern

Auf die Nazityrannei folgte der »wilhelminische Obrigkeitsstaat« der Adenauerära, die »Sofakissendiktatur«[19] der Fünfziger- und Sechzigerjahre, in der die überlebenden Kriegssoldaten und Heimkehrer aus den Gefangenenlagern ein allerletztes Mal versuchten, die alte Väterwelt zu restaurieren. »Sitz gerade, geh zum Friseur, mach die Negermusik leiser, geh zur Tanzstunde, wasch den Wagen« – auch in meiner Generation der heute um die Fünfzigjährigen ist der Muff und Mief der biedermännischen »Wirtschaftswunder«-Jahre unvergessen. Ich war neun, als Benno Ohnesorg erschossen wurde, zehn, als in Frankfurt die Kaufhäuser brannten und in Prag die Panzer rollten, vierzehn, als 1972 Andreas Baader und Ulrike Meinhof verhaftet wurden – und meine jugendlichen Sympathien lagen keineswegs eindeutig bei jenem Vater Staat, der eine Handvoll aufrührerischer Landessöhne und -töchter mit erbittertem Eifer jagte, während er ehemalige Nazis in höchste Staatsämter aufsteigen ließ.

Isaak heißt diesmal Benno

Das Fanal für die Revolte der »Außerparlamentarischen Opposition« (APO) waren die Ereignisse des 2. Juni 1967, mit denen sich einmal mehr das Muster des abrahamitischen Sohnesopfers wiederholte: »Unter ungeklärten Umständen« wurde der 26-jährige Student Benno Ohnesorg in Westberlin von Kriminalobermeister Karl-Heinz Kurras erschossen, einem Scharfschützen, der den Auftrag hatte, den Schah von Persien vor »Störern« zu schützen.

Die Symbolik der Ereignisse wirkt beinahe schon übertrieben: Hier der wieder machtvoll gewordene Vater

Staat, der mit dem persischen Monarchen einem symbolischen Vater wie aus alten Zeiten hofierte – dort der wohl in der Tat arglose »Sohn« Benno Ohnesorg, der aus Neugier und zum ersten oder zweiten Mal überhaupt an einer Demonstration teilnahm. In der Rolle »Abrahams« schließlich, als gehorsamer Vollstrecker des väterlichen Plans, der Familienvater Karl-Heinz Kurras, der nach seiner Tat folgerichtig freigesprochen wurde – und sich noch im Dezember 2007, bei seinem achtzigsten Geburtstag, reuelos zeigte: »Wer mich angreift, wird vernichtet. Aus. Feierabend.«[20] Der junge Student hatte ihn allerdings nicht angegriffen, sondern an dem Spektakel des Schah-Besuchs und der Parolen rufenden Demonstranten lediglich passiv teilgenommen.

Trotz Demokratisierung und »Entnazifizierung«, trotz aller Buß- und Betroffenheitsrituale, mit denen sich die westdeutsche Nachkriegsrepublik regelmäßig von ihrem diktatorischen Vorläuferstaat distanzierte: Aus dessen Trümmern war abermals »eine Art wilhelminischer Obrigkeitsstaat« entstanden, »in dem sich der Untertan schon dann rechtswidrig verhielt, wenn er sich öffentlich über einen Polizisten empörte, der sich rechtswidrig verhielt; in dem das Gitarrespielen an einem Brunnen ausreichte, um einen Polizeiaufmarsch auszulösen«, wie der »Spiegel« 1997 schrieb. Und mit einer Verspätung von mehreren Jahrzehnten brach nun diese morsche Väterwelt unter dem Aufruhr der Achtundsechziger zusammen.

Alle Väter sind Faschisten

Unsere Großväter hatten Auschwitz und den Weltkrieg auf dem Gewissen. Die Achtundsechziger-Rebellen, überwiegend in den letzten Kriegs- und ersten Nachkriegsjahren geboren, holten lediglich nach, was unsere Väter gegenüber den ihren versäumt hatten: Sie fragten die überlebenden Weltkriegssoldaten und Heimkehrer aus den Gefangenenlagern, die so schweigsam und verbissen für »Wiederaufbau« und »Wirtschaftswunder« rackerten, wie es zu Auschwitz, Stalingrad, Hiroshima hatte kommen können. Die schockierende Antwort darauf gaben sie dann selbst: Väterherrschaft und Faschismus waren ein und dasselbe – und jeder autoritäre kleinbürgerliche Vater war gegenüber seiner Familie ein faschistischer Diktator im Kleinformat.

Wenn man nur die Väter allerorten – in Staat, Gesellschaft und Familie – ihrer Vorherrschaft beraubte, müsste es auch mit aller Unterdrückung auf einen Schlag vorbei sein. Dann wären die Frauen den Männern gleichberechtigt, die Kinder nicht länger Sklaven der Familienväter, die Bürger nicht mehr Untertanen der Obrigkeit und die Arbeiter keine ausgebeuteten Opfer der ökonomischen Maschinerie. Paradiesische Zeiten müssten dann anbrechen, in denen Sex und Liebe ohne Besitzansprüche, Selbstverwirklichung ohne Beengung durch welche väterlichen Autoritäten auch immer möglich wäre.

So weit die fröhliche Theorie der Wortführer um Rainer Langhans und Fritz Teufel, Dieter Kunzelmann und Rudi Dutschke, der auch alsbald die bunte Praxis folgte: In der »Kommune I« wurde mit neuen Formen des Zusammenlebens experimentiert. Da die Einzelehe nach Marx/Engels und die Kleinfamilie nach Horkheimer/Adorno die Keimzellen von Faschismus und Autoritätshörigkeit waren, sollten Männer und Frauen ohne Privateigentum in wechselnden Beziehungen zusammenleben und ihre Kinder gemeinschaftlich erziehen – so wollte man sicherstellen, dass niemand in der Kommune sich neuerlich zum väterlichen Tyrannen aufschwingen konnte.

Die »Kommune I« blieb jedoch ein Prototyp, der zumindest in dieser radikalen Form niemals in Serie ging. Schon bei ihrer Gründung sprangen prominente Wortführer wie Rudi Dutschke ab, und Rainer Langhans zog zwar in die Kommune ein, gab aber später zu, dass er und seine Freundin Uschi Obermeier weiterhin monogam gelebt hätten. Ohnehin war es mit der Gleichberechtigung der Geschlechter nicht allzu weit her: Die Wortführer und Aktivisten der APO waren überwiegend männlich.

Die »Einzelehe« mit beiderseitigen Besitzansprüchen zu überwinden erwies sich als ebenso schwierig wie die Entwicklung eines neuen Erziehungsprogramms: Was sollte an die Stelle der »väterlichen Gewalt« treten? Die Kinder sollten nicht mehr zu »repressiven Kleinbürgern« erzogen werden, sondern sich zu freien, selbstbestimmten Individuen entwickeln – aber wie mussten sich die Erwachsenen verhalten, damit die Kinder dieses Ziel erreichten?

Auch wenn es gerade derzeit en vogue scheint, »die Achtundsechziger« für nahezu alle Übel der Gegenwart verantwortlich zu machen: Erst durch ihre Revolte wurde die bundesrepublikanische Gesellschaft demokratisiert. Das gilt auch und in besonderem Maß für den Erziehungsstil in deutschen Kinderzimmern. Vor 1968 war es noch mehr oder weniger an der Tagesordnung, dass deutsche Väter ihre Kinder verprügelten, wenn diese die Autorität des Familientyrannen infrage zu stellen wagten. Sonntags am Mittagstisch mussten Söhne und Töchter die Belehrungen des Vaters über sich ergehen lassen und ansonsten schweigen, damit der Hausherr von ihrem Unverstand unbehelligt blieb. Auch wenn er seine Kinder nicht mehr ins Gefängnis werfen lassen konnte, mochte der deutsche »Sofakissendiktator« doch von der Pose des Familienrichters nicht lassen: Nacheinander hatten die Kinder an seinem Schreibtisch anzutreten, ihre Schulaufgaben vorzulegen und gesenkten Kopfes den Richterspruch zu erwarten. Fand er etwas auszusetzen, so gab es Schläge oder sonstige Strafen. Auch die »Hausfrau«, die ihr »Haushaltsgeld« wöchentlich zugeteilt bekam, musste ihm über ihre Ausgaben Rechenschaft ablegen – schließlich war er der »Ernährer«, der für den Unterhalt sorgte.

Angesichts dieser dumpfen Rückständigkeit in deutschen Wohnstuben kann es nicht erstaunen, dass die Achtundsechziger-Rebellen in die andere Richtung überzogen: Ihr Konzept einer antiautoritären Erziehung lief zwar nicht, wie Kritiker oftmals behaupten, auf reines »laisser faire« hinaus – doch man wollte jeden erzieherischen Eingriff vermeiden, der Kreativität, Selbstbewusstsein oder Kritikfähigkeit der Kinder vermindern könnte. Dabei gab es sicherlich viele Übertreibungen und Missverständnisse. Insgesamt muss man den Achtundsechzigern wohl bescheinigen, dass sie zwar treffsicher die Finger in gesellschaftliche Wunden legten – doch die Radikalkuren, die sie vorschlugen, trugen eher selten zur Heilung bei. Aber nur weil sie ihre schöpferische Energie darauf verwandten, die Nacktheit all dieser kleinen und großen bundesrepublikanischen Kaiser sichtbar zu machen, wurde der Weg für überfällige Veränderungen in der erstarrten deutschen Gesellschaft frei.

Das gilt etwa für die Schulen, in denen das obrigkeitliche Drill- und Einpaukregime aus Kaisers und Führers Zeiten durch team- und kommunikationsorientierte Unterrichtsmethoden abgelöst wurde. Oder für die Universitäten, deren Modernisierung überfällig war, als die APO dazu aufrief, den »Muff von tausend Jahren« unter den Professorentalaren zu lüften.

Auch die Wehrdienstverweigerung wurde erst durch ihren Kampf gegen die Diktatur der Väter zum heute selbstverständlich genutzten Recht der jungen Männer, sich dem abrahamitischen Kriegerdrill zu widersetzen. Dass staatliche Institutionen von ihren Bürgern nur so viel Respekt erwarten dürfen, wie der Staat und seine Diener ihnen selbst entgegenbringen, hat unsere Gesellschaft erst durch die APO-Rebellen gelernt. Ins kollektive Gedächtnis prägte sich etwa die Antwort des »Spaßguerillero« Fritz Teufel ein, als er aufgefordert wurde, sich vor den Richtern zu erheben: »Wenn es denn der Wahrheitsfindung dient …«

Auf die Frage, wie eine zeitgemäße, für die Kinder und zumal für die Söhne förderliche väterliche Autorität heute beschaffen sein könnte, haben die Achtundsechziger zwar keine Antwort gefunden – aber sie haben die alten, durch nichts mehr legitimierten Vaterbilder von ihren Sockeln gefegt und so überhaupt erst die Möglichkeit geschaffen, diese überfällige Frage zu stellen.

Wer es dann allerdings versäumt hat, Lösungen für diese Frage zu suchen, das sind wir selbst: die Väter der heute heranwachsenden Söhne.

Das Vaterbild erlischt

Als der Schwangerschaftstest Ende 1985 positiv ausfiel, stand für meine Frau und mich sehr schnell fest: Wir wollten unser Kind haben. Doch obwohl ich mich für unseren Nachwuchs von Anfang an ebenso verantwortlich fühlte wie meine Frau, empfand ich mich durchaus nicht als werdenden »Vater« – umso weniger, als sich auf dem Ultraschallbild ein Junge abzeichnete. Väter belehrten ihre Söhne, gingen ihnen mit leuchtendem Beispiel voran, wiesen sie in irgendwelche angeblich typisch männlichen Verhaltensweisen und Fertigkeiten ein: In dieser Rolle konnte ich mich nicht sehen.

Ein Stipendium erlaubte mir damals, zu Hause an meiner Doktorarbeit über die Prosa Thomas Bernhards zu arbeiten – des großen Beschwörers der Vaterlosigkeit und der falschen Überväter in Politik und Ideologie. Ich beschäftigte mich also quasi von Berufs wegen mit dem Thema. Durch meine persönliche Geschichte als ein Sohn, der zunächst durch seinen leiblichen Vater, dann durch einen Stiefvater erzogen wurde, die beide unterschiedlicher nicht hätten sein können, war das Thema aber auch schon vorher von besonderer Bedeutung für mich gewesen.

Ich war allerdings inzwischen zu der Einsicht gelangt, dass sich das Problem nicht ohne Weiteres lösen ließ – weder durch den schlichten Vorsatz, »es besser zu machen«, noch durch »Männerbefreiungs-« und Selbstverwirklichungsprogramme, die im Gefolge der APO-Rebellion in den Siebzigerjahren aufkamen.

Dennoch würde es bald meine Aufgabe sein, mich zu Hause um unseren Sohn zu kümmern, während meine Frau ihrem Beruf als Lehrerin nachging.

Im Jahr 1977 hatte Volker Pilgrim sein »Manifest für den freien Mann« veröffentlicht – einen der sporadischen Versuche hierzulande, aus dem Programm der Achtundsechziger-Rebellen ein lebbares Modell »nichtautoritärer Väterlichkeit« zu entwickeln. Pilgrim forderte seine Geschlechtsgenossen auf, die traditionelle Rollenverteilung zu überwinden: Durch den Mann als »Ernährer« würden nicht nur die Frauen unterdrückt, sondern auch die Männer an der Entfaltung ihrer »sanfteren Seiten« gehindert. Die Männer sollten sich daher auch bei der Kindererziehung engagieren, die damals noch weithin als Domäne der Mütter galt.

Ausdrücklich koppelte Pilgrim den Vater vom biologischen Erzeuger ab: Während der leibliche Vater in patriarchaler Tradition seine Kinder als sein »Privateigentum« ansehe, gehe es für die neuen Väter darum, durch den Umgang mit Kindern ihre eigenen sozialen und kommunikativen Fertigkeiten zu erweitern. Nach diesem »Manifest« der damals entstehenden »Männerbewegung« sollen die Kinder den Männern also helfen, ihre Persönlichkeit zu entfalten, damit die »neuen Väter« dann wieder den Kindern als Modelle für geglückte Selbstverwirklichung dienen können.

Das Konzept hatte jedoch einen entscheidenden Mangel, der verhinderte, dass es über links-studentische Szenen hinaus ernsthaft erprobt wurde: Mit der Realität der Arbeitswelt ließ es sich schon damals, zu Zeiten der beginnenden Globalisierung, schwerlich vereinbaren. Es richtete sich an Aussteiger, Studenten oder auch an Schul- und Hochschulangehörige mit unkündbarem Arbeitsplatz und üppigem Freizeitbudget. Der Experimentierfreudigkeit und dem Selbstentfaltungsdrang der »bürgerlichen Familienväter« dagegen waren damals kaum weniger als heute durch die ökonomischen Zwänge enge Grenzen gezogen – zur Selbstbefreiung à la Pilgrim hätten sie erst einmal ihre Jobs kündigen oder zumindest ihre Vorgesetzten davon überzeugen müssen, dass sie ihre beruflichen Pflichten künftig deutlich freier interpretieren wollten.

Pilgrim empfahl den »freien Männern« beispielsweise, ihre Kinder mit an den Arbeitsplatz zu nehmen, gemeinsam mit ihnen zu Demonstrationen zu gehen und sich generell in Beruf und Gesellschaft den »patriarchalischen Rollenzwängen« zu verweigern. Es war ein Programm, das die weit überwiegende Mehrheit der Männer nur dann beherzigen konnte, wenn sie an dem Konkurrenzkampf in Arbeitswelt und Wirtschaft nicht teilnahm.

Im Jahr 2001 wies die Sozialwissenschaftlerin Ingrid Kurz-Scherf auf einen Zusammenhang hin, der sich bereits vor dreißig Jahren herauszubilden begann:[21] Die Mehrheit der Männer hierzulande, die sich ins »sichere Heim« zurückziehen und von den Medien als »neue Väter« gefeiert werden, sind Globalisierungsverlierer oder -aussteiger, die vor dem wachsenden Konkurrenz- und Produktivitätsdruck in die soziale Nische eines Daseins als »Hausmann« und »neuer Vater« geflohen sind. Nach Einkommen und Sozialprestige rangieren sie am unteren Ende der Gesellschaft, was sie als Vorbilder aus Sicht ihrer Söhne wiederum problematisch macht.

Am oberen Ende der Hierarchie wird der Konkurrenzkampf um die gut bezahlten Jobs immer härter, und gerade die beruflich erfolgreichen Männer leben die Rolle des klassischen »Ernährers« in extremer Weise: mit Siebzig- bis Achtzigstundenwochen, als Person in ihren Familien kaum mehr präsent, jedoch deren wirtschaftliche Machthaber wie eh und je – wie auch die Spitzenpositionen in den Unternehmen nach wie vor weitestgehend in Männerhand sind.

Die Möglichkeit aber, mehr erzieherisches Engagement für ihre Kinder mit beruflichem Erfolg zu vereinbaren, haben hierzulande nach wie vor nur die Angehörigen einiger privilegierter Berufe, wie vor allem die berufstätigen Mütter in den letzten Jahrzehnten leidvoll erfahren mussten.

»Neuer Vater« ungleich »neuer Mann«

Wie die Menschen frömmerer Zeitalter der Ankunft des Gottessohns entgegenfieberten, so wird schon seit mindestens einem Vierteljahrhundert der »neue Vater« beschworen. Dem liegt jedoch seit ebenso vielen Jahren eine Verwechslung und Vermischung zugrunde, die gewiss nicht von ungefähr kommt.

Männer, die sich – im Unterschied zu ihren Vätern – bei der Versorgung, Betreuung und Erziehung ihrer Kinder engagieren, mögen Anrecht auf den Titel eines »neuen Partners« haben, denn eine gerechtere Verteilung der heimischen Aufgaben kommt zunächst einmal der Partnerin und damit wohl auch ihrer beider Beziehung zugute. Wird jedoch das Bedürfnis der Kinder, und speziell der Söhne, nach väterlicher Zuwendung schon dadurch erfüllt, dass der Vater und Lebenspartner der Mutter sich beim Füttern, Beaufsichtigen oder Windelwechseln engagiert? Ob »Väter« für ihre Söhne förderliche Modelle des eigenen Geschlechts sind, hat nicht mit genetischer Verwandtschaft, sondern allein mit Persönlichkeit, Selbstbild und Lebensentwurf der Betreffenden zu tun.

Aber wie verhält es sich mit der zweiten Variante des angeblich »neuen Vaters«, die gleichfalls bereits seit einem Vierteljahrhundert zumindest in den Medien umherspukt? Diese von sich selbst ergriffenen Männer feiern ihre Vaterschaft wie ein Mysterium. Sie spüren jeder Gefühlsregung nach, die der sich wölbende Bauch ihrer Partnerin, das aufwühlende Geburtsereignis oder das erste

Brabbeln des Säuglings in ihnen auslöst. Sie schwärmen von ihren zärtlichen Empfindungen, wenn sie das Baby im Arm halten – und in den Medien wird dieser Subtypus des vermeintlich »neuen Vaters« seit Jahrzehnten bevorzugt halbnackt dargestellt: mit entblößtem Oberkörper, den Säugling zart an die unbehaarte Brust gedrückt.

Diese Männer haben gewiss Anrecht auf den Titel des gleichfalls seit Längerem beschworenen »neuen Mannes«. Ihre Ergriffenheit vom kreatürlichen Mysterium und ihrem eigenen grandiosen Beitrag dazu sei ihnen gegönnt. Nur muss auch in ihrem Fall gefragt werden: Ist es väterliche Zuwendung, die die Söhne von diesen »neuen Männern« erhalten – oder wetteifern diese mit den Gebärerinnen um die traditionell mütterlichen Funktionen?

Mit leisem Spott registrieren die Psychoanalytiker Scheer und Wilken, wie zumindest in Teilen unserer Gesellschaft der traditionelle Vater abhanden kommt – mit derzeit noch unbekannten Folgen sowohl für die psychoanalytische Theoriebildung als auch für die Söhne: »Wenn wir hören, dass Männer lieber alt werden wollen als am Kampffeld des Berufs zu sterben, so wissen wir, dass die Krieger müde geworden sind. Und wenn wir hören, dass die Männer mit den Frauen in eine Konkurrenz um das Stillen eintreten, so stellen wir die Veränderung männlicher Rollen fest.«[22]

Schön für die »neuen Partner« ebenso wie für die »neuen Männer«, wenn es ihnen auf diese Weise glückt, sich ein akzeptiertes Plätzchen in der Kleinfamilie von heute zu sichern. Die alte Stelle des »Familienoberhaupts« ist mangels Bedarf ersatzlos gestrichen worden – und in der Position einer Zweitmutter ist der moderne Familienmann zumal bei überlasteten Erstmüttern begreiflicherweise wohlgelitten. Dass aber diese Väter die Misere der Jungen beenden könnten, steht zu bezweifeln.

Familienflüchtig: die »klassischen« Väter

Unser Sohn war gerade in den ersten Jahren eindeutig ein »Papakind«. Unsere Beziehung war intensiv und vertrauensvoll – und ähnlich wie traditionell der Vater und Ehemann glaubte sich manchmal eher meine Frau aus unserer Vater-Sohn-Beziehung ausgeschlossen. Aber der vermeintlichen Avantgarde der »neuen Väter« (Partner, Männer) fühlte ich mich gleichwohl nicht zugehörig. Obwohl ich meist zu Hause arbeitete, oft halbe Tage mit meinem Sohn verbrachte und mir mit meiner Frau mehr oder weniger fair die häuslichen Aufgaben teilte, blieb meine Arbeit dennoch der Schwerpunkt meines Alltags, Denkens und Planens. Insofern war es ein traditionell väterliches Lebenskonzept – aber man kann die Gleichung auch umdrehen, denn ich war in dieser Zeit die erste Bezugsperson meines Sohnes, mit der er fast täglich mehrere Stunden zusammen war, so intensiv und vertraut wie Kinder in unserer Kultur meist nur mit ihren Müttern. Wichtig war mir beides – ich sah mich nicht als »neuen Vater« und »Hausmann«, aber noch weniger als traditionellen Familienvater, der zu Hause den Ton an- und die Richtung vorgibt wie unsere Väter in den Sechzigerjahren.

Trotz Scheidungsrekorden und regelmäßiger Medienhypes um Patchworkfamilien und Lebensabschnittsgefährten – die traditionelle Kleinfamilie mit dem Mann als Ernährer und Nestbauer und der Frau als allenfalls halbtags dazuverdienenden Mutter und Hausfrau war in den Achtzigerjahren (und ist auch heute noch) hierzulande die am weitesten verbreitete Form des Zusammenlebens. Solche Väter schoben allenfalls sonntags mal den Kinderwagen um den Häuserblock, ansonsten rackerten sie für ihre Karriere oder verbrachten ihre Freizeit mit lärmender Heimwerkerei – der Schwundform einstiger Handwerkerkünste, in die sich die Söhne schon lange nicht mehr von den väterlichen »Lehrmeistern« einweisen lassen wollen. Auf Spielplätzen oder bei Elternbesprechungen im Kindergarten waren diese »klassischen« Väter nie zu sehen – so wenig, wie unsere eigenen Erzeuger sich je für derlei »Mütter- und Kinderkram« interessiert hatten.

Ich hatte das Glück, das meine berufliche Situation mir erlaubte, mich nicht zwischen den Rollen des scheinbar »neuen« und des »klassischen« Vaters entscheiden zu müssen, aber das war mir damals nicht bewusst – so wenig wie ich mich fragte, ob es für einen Sohn überhaupt vorteilhaft ist, wenn sich sein Vater vergleichsweise intensiv um ihn kümmert.

Der Vater war einmal

Bei den erbittert geführten öffentlichen Debatten um die »neuen Väter« standen fast immer die Bedürfnisse der Erwachsenen im Vordergrund – dass es für die Kinder automatisch von Vorteil wäre, ihren (leiblichen) Vater möglichst eng in die (traditionelle) Kleinfamilie zu integrieren, wurde meist stillschweigend vorausgesetzt.

Psychologen und Kulturhistoriker zeigten sich dagegen schon in den Achtziger- und Neunzigerjahren weitaus skeptischer in Bezug auf die Zukunftsaussichten des traditionellen ebenso wie des »neuen« Vaters: Für sie war der »Vater« eine Figur von gestern, die in der heutigen Realität allenfalls noch als Schreckgespenst umherspuken oder parodistisch gesehen werden kann, wie der Psychoanalytiker Alexander Mitscherlich schrieb. Mitscherlich beklagt dieses »Erlöschen des Vaterbildes« und prophezeite bereits 1963 düstere Konsequenzen für die »vaterlose Gesellschaft«. Andererseits hielt er den Niedergang der väterlichen Autorität für historisch ebenso unausweichlich wie etwa Yvonne Knibiehler. Auch die Sozialhistorikerin stellt den Vätern eine wenig ermutigende Zukunftsprognose – im Gegensatz zu Mitscherlich sieht sie den Niedergang der väterlichen Autorität allerdings als ein Problem an, das lediglich die Väter betreffe: »Männer sollten aufhören, sich in einer falschen Hoffnung zu wiegen: Mutter und Kind können ohne Vater leben.«[23]

Brauchen die Kinder in unserer heutigen Gesellschaft also überhaupt keine »Väter« mehr? Am Ende unserer kleinen Kulturgeschichte der Vaterschaft steht zunächst einmal diese Erkenntnis: Sämtliche Aufgaben bei der Aufzucht der Kinder, die den Familienvätern im Verlauf der Geschichte zugefallen waren, werden längst von anderen Institutionen oder Personen wahrgenommen.

Der Familienvater war einmal

- *das sakrale Familienoberhaupt*, das Abbild Gottes, der »Hausvater« mit fürstlicher Aura: Davon ist in unseren profanen Zeiten nichts übrig geblieben;
- *Repräsentant einer durch Väterherrschaft bestimmten Gesellschaft innerhalb der Familie:* Die alte Väterwelt ist untergegangen, in Staat und Gesellschaft sind Männer und Frauen gleichberechtigt;
- *der Richter und rechtliche Vorstand seiner Familie:* Heute sind beide Elternteile rechtlich gleichgestellt, die richterliche Gewalt der Väter ist auf die rechtsstaatli-

che Justiz übergegangen – und selbst bei Sorgerechtsstreitigkeiten wird meist die Mutter bevorzugt;

- u*nentbehrlich als Familienernährer:* Diese Rolle haben Familienväter in der Praxis auch heute noch häufig inne, aber sie kann ebenso von der Mutter oder notfalls vom Sozialstaat wahrgenommen werden;
- *der wichtigste Erzieher und Ausbilder seiner Söhne:* Diese Funktionen hat er seit Langem an die Mütter sowie an öffentliche Institutionen wie Kindergärten, Schulen, Berufsausbildungsstätten verloren;
- *ein Modell des eigenen Geschlechts für seine Söhne:* Durch ihre Berufstätigkeit unsichtbar geworden, im Job austauschbar, in der Familie selten präsent, überdies dem Vergleich mit Verhaltens- und Meinungskonkurrenten in Medien, Schule und Freundeskreisen ihrer Söhne ausgesetzt, spielen die Väter als »Vorbilder« für die Jungen nur noch eine untergeordnete Rolle;
- *unentbehrlich als biologischer Erzeuger:* Selbst in dieser archaischen Rolle des begattenden Männchens hat er durch den Fortschritt der medizinischen Fortpflanzungstechnologie Konkurrenz bekommen – anstelle eines »Vaters für ihre Kinder« brauchen Frauen heute nur noch ein Konto bei der Samenbank oder einen zufälligen Spermienlieferanten, der durch den Zeugungsakt keinerlei Anrechte mehr auf Frau und Kind erwirbt.

Worin also besteht die »väterliche« Zuwendung, die Jungen heute bräuchten – und deren Entbehrung erklären könnte, weshalb sie in Schule und Ausbildung, bei der sozialen Integration, beim Konzentrations- und Leistungsvermögen gegenüber den Mädchen so deutlich zurückgefallen sind? Was macht Väter heute aus?

II.
Vermeidbarer Fehlstart – wissenschaftliche Erkenntnisse und eine überfällige Folgerung

Nachdem das vorangegangene Kapitel gezeigt hat, wie die Beziehung von Vater und Sohn über die Jahrtausende zu dem wurde, was sie heute im Großen und Ganzen ist, unternehmen wir nun einen kleinen Streifzug durch aktuelle wissenschaftliche Erkenntnisse über die kindliche Entwicklung. Zweierlei wird hierbei deutlich werden: Nicht zuletzt die psychischen Altlasten unserer Gesellschaft – und vor allem der heutigen Väter – aus vielen Tausend Jahren Geschichte hemmen die Jungen massiv in ihrer Persönlichkeitsentfaltung. Dabei zeigen neueste wissenschaftliche Studien, dass die kindliche Förderung früher und umfassender einsetzen müsste, als heutige Familien dies selbst unter günstigen Voraussetzungen zu leisten vermögen. Doch aus anderen historischen Familienmodellen lassen sich Alternativen zu den heute gängigen Vater-Sohn-Beziehungen ableiten. Zum Glück für unsere Jungen – denn es wird allerhöchste Zeit, dass wir unsere Vorstellungen von Vaterschaft den Bedürfnissen unserer Zeit anpassen.

Von Natur aus gefühlsarm?

Nicht nur in vielen Er- und Beziehungsratgebern wird seit Jahren die Behauptung wiederholt, dass Jungen und Männer »von Natur aus« weniger kommunikative Kompetenz und emotionale Intelligenz besäßen als Mädchen und Frauen. Auch in der Jugendpädagogik melden sich immer häufiger »maskulinistische« Meinungsmacher zu Wort, so beispielsweise der Schweizer Psychologe Allan Guggenbühl, der schlichtweg verkündet: »Bei Männern und Frauen handelt es sich um zwei unterschiedliche Wesen.« Folglich gebe es auch eine ganze Reihe grundlegender »weiblicher und männlicher Eigenschaften«, die »auf den Einfluss der Gene und Hormone zurückzuführen sind und nicht von Gesellschaften produziert« seien[1] – darunter die Begabung zu »Beziehungssprache« und »Einfühlungsvermögen«, die eben typisch weibliche Attribute seien. Jungen und Männer dächten dagegen von Natur aus in Hierarchien statt in Beziehungen, könnten sich in ihr Gegenüber nicht einfühlen, dafür jedoch technische Sachverhalte analysieren und mittels »Berichtssprache« darstellen, worin wiederum Mädchen schwach seien – und dies alles kraft der wundersamen Macht der Gene und Hormone, die in pseudowissenschaftlichen Texten längst jene Rolle eingenommen haben, die im mittelalterlichen Weltbild dem Einfluss der Sterne zugemessen wurde.

Einen stichhaltigen Beweis für die angeblich unabänderlich unterschiedlichen Eigenschaften von Jungen und Mädchen bleiben die biologistischen Mythologen allerdings ebenso schuldig wie ihre Vorläufer, die mit astrologischen Formeln Verwirrung stifteten. Schauen wir uns stattdessen einmal an, was die seriöse Wissenschaft zu der

Frage herausgefunden hat, wie sich Emotionalität, Einfühlungsvermögen und sprachliche Ausdrucksfähigkeit bei Jungen und Mädchen entwickeln.

Sprechen und fühlen

Die Formbarkeit des Gehirns ist niemals größer als in den allerersten Lebensjahren – für Intelligenz und Persönlichkeit des Menschen werden in dieser Phase die entscheidenden Weichen gestellt. Neurophysiologen sprechen von der »neuronalen Plastizität« des Gehirns, das zu Beginn des Lebens einer leeren Festplatte ähnelt: ein extrem flexibles Netzwerk von Nervenzellen, das »Programme« aller Art und Dichte ausbilden kann – je nachdem, welche Anforderungen die Umwelt an es richtet.

Diese Plastizität stellt das Gehirn jedes gesunden Säuglings zum Beispiel dadurch unter Beweis, dass es in einem vergleichsweise kurzen Zeitraum die Sprache seiner Umgebung erlernt. Anfangs vernimmt das Kind lediglich bedeutungsfreie Laute – die Grammatik wie auch das Wörterbuch muss es selbst erstellen und im Laufe seines Lebens erweitern. So lernt es seine Muttersprache immer differenzierter zu verwenden.

Bereits mit Vollendung des ersten Lebensjahrs können Kinder normalerweise ihre ersten Wörter nicht nur artikulieren, sondern fangen überdies an, deren Bedeutung zu begreifen. Mit anderthalb Jahren kennen manche Kinder 20, andere bereits 50 oder 80 Vokabeln – je nachdem, wie intensiv sich die Bezugspersonen um den Säugling kümmern. Mit etwa zweieinhalb Jahren sollte ein Kind mehrere Hundert Wörter sprechen und verstehen. Wird seine Entwicklung angemessen gefördert, so kann es im Vorschulalter, also mit vier bis fünf Jahren, wenigstens 3000

Wörter beherrschen. Zwei Jahre später kann das Lexikon in seinem Gehirn bereits um das Achtfache angewachsen sein – auf einen passiven Wortschatz von 24 000 Vokabeln![2] Das setzt allerdings voraus, dass Eltern und Erzieherinnen im Kindergarten nicht nur viel und intensiv mit dem Kind kommunizieren, sondern ihrerseits über sprachliche Ausdrucksvielfalt verfügen.

Die Sprachentwicklung der Jungen beginnt im Allgemeinen etwas später als bei den Mädchen, aber bei der Zahl der gelernten Vokabeln oder der Komplexität der verwendeten Satzgebilde sind sich die Geschlechter während der ersten Lebensjahre ziemlich gleich. Ähnlich sieht es beim Ausdruck von Gefühlen aus – soweit sich hier in den ersten Jahren deutliche Geschlechtsunterschiede zeigen, widersprechen sie sogar eher den Verhaltensmustern, die herkömmlich Jungen und Mädchen zugeordnet werden.

So haben diverse Studien übereinstimmend ergeben, dass Jungen in den ersten Lebensjahren häufiger als Mädchen weinen. Dagegen zeigen Mädchen im zweiten Lebensjahr öfter als Jungen offen ihren Ärger. Erst im Grundschulalter beginnt sich der emotionale Ausdruck der Kinder den Geschlechtsklischees anzupassen: Die Jungen versuchen dann verstärkt, Gefühle wie Trauer oder Scham zu verbergen, und die Mädchen unterdrücken ihrerseits Ärger und Enttäuschung. Im Jugendalter schließlich verneinen Jungen meist die Frage, ob sie häufig Traurigkeit, Schuld oder Scham empfänden – Mädchen dagegen erklären überwiegend, dass sie solche Gefühle öfter und intensiver als in vorherigen Lebensphasen verspürten.[3]

Bis etwa zum zweiten Lebensjahr entwickeln Kinder ein »sprachliches Selbst«: Erst durch ihre verbale Ausdrucksfähigkeit entsteht ein Bewusstsein dafür, was zu ihrer Person gehört – und was nicht. Ungefähr zur gleichen Zeit bildet sich daher bei Kindern nicht nur die Fähigkeit heraus, sich selbst im Spiegel zu erkennen, sondern ebenso das Vermögen, ihre Gefühle mitzuteilen. Im Verlauf des dritten Lebensjahrs verfeinern sie immer weiter ihre Fertigkeit, durch sprachlichen Ausdruck, insbesondere durch gefühlsbetontes Vokabular, das Verhalten ihrer Umwelt zu beeinflussen sowie die emotionalen Untertöne in den Äußerungen anderer Menschen zu verstehen und darauf einzugehen. Deutliche Unterschiede zwischen dreijährigen Jungen und Mädchen konnten auch beim Erwerb und Gebrauch dieser Fertigkeiten nicht beobachtet werden.

Ebenso ist die Empathie, also das Vermögen, sich in andere Lebewesen einzufühlen, beiden Geschlechtern offenbar gleichermaßen angeboren: Bereits im ersten Lebensjahr sind Jungen und Mädchen für das Leid anderer Babys empfänglich. Zweijährige versuchen, weinende Spielgefährten zu trösten, indem sie ihnen Geschenke oder etwas zu essen anbieten – unabhängig davon, ob es sich um Jungen oder Mädchen handelt.[4]

Sprache ist geschlechtlich

Indem Kinder sprechen lernen, werden sie jedoch auch vollends »vergeschlechtlicht«: Unerbittlich teilt unsere Sprache die Menschen und Dinge, Eigenschaften und Tätigkeiten in männlich und weiblich auf. Androgyne Fantasien sind für die ersten Lebensjahre jedes Menschen charakteristisch – in Tagtraum und Spiel sehen die Kleinen sich selbst und andere Menschen als zweigeschlechtliche Wesen an. Doch solche Vorstellungen werden nun im gleichen Maß in unbewusste Regionen abgedrängt, wie die Kinder sich und ihre Welt sprachlich zu benennen lernen.

Etwa mit zweieinhalb Jahren können Kinder sich selbst, ihre Eltern und andere Menschen den Kategorien »männlich« und »weiblich« zuordnen. Während beim Sprach*erwerb* in den ersten Lebensjahren keine nennenswerten Unterschiede zwischen Jungen und Mädchen festzustellen waren, werden diese Unterschiede durch den Sprach*gebrauch* von nun an massiv verstärkt. Bereits dreijährige Kinder greifen bevorzugt Floskeln und Sprechweisen von Angehörigen ihres eigenen Geschlechts auf: Kleine Mädchen finden Babys »süß«, und nicht wenige Jungen lernen heutzutage mit unbewegter Miene »cool« zu murmeln, ehe sie auch nur aus den Windeln heraus sind.

Was die Kinder vorher nur als Einstellungen der Eltern und anderer Bezugspersonen im vorsprachlichen Bereich gespürt haben, bekommt jetzt eine sprachliche Gestalt. Frauen sind schön und hilfsbereit, Männer stark und kämpferisch – und die Aufgabe der Mädchen und Jungen ist es offenbar, diesen Klischees ihres Geschlechts möglichst rasch und vollkommen zu entsprechen. Gleich einer ebenso gigantischen wie gnadenlosen Maschinerie drückt die Sprache allem und jedem den Stempel »männlich« oder »weiblich« auf: »cool« oder »schön«, »stark« oder »süß« und so weiter.

Was der angebliche Unterschied von »Genen und Hormonen« bis dahin nicht vermocht hat, gelingt nun den Eltern, der Umwelt und den Kindern selbst mithilfe der Sprache: Mehr und mehr zeigen die Jungen nur noch solche Einstellungen und Verhaltensweisen, die männlichen Geschlechtsstereotypen entsprechen, während die Mädchen »typisch weibliches« Verhalten kultivieren.

Breit angelegte Untersuchungen haben seit den Achtzigerjahren immer wieder erwiesen, dass der Sprachstil, mit dem beide Elternteile typischerweise auf ihre Kinder reagieren, wesentlich davon abhängt, ob es sich um ein Mädchen oder einen Jungen handelt. So geben Mütter wie Väter den Jungen exaktere, genauer den Fragen entsprechende Antworten als den Mädchen, und Väter von Mädchen antworten nur halb so häufig präzise und positiv auf deren Fragen wie Väter von Jungen.[5] Mütter zeigen ähnlich wie Väter die Tendenz, geschlechtsstereotypes Verhalten ihrer Kinder zu verstärken – für die Väter gilt dies jedoch in ungleich höherem Maß. Unter den derzeitigen Bedingungen würde verstärktes väterliches Engagement bei der Kleinkinderziehung also die Kinder meist nur noch strikter nach den jeweiligen Geschlechterklischees ausrichten.

Laut Allan Guggenbühl und anderen Befürwortern einer rückwärtsgewandten Jungenerziehung sollen Empathie und eine soziale Orientierung typisch weibliche Attribute sein, über die Jungen und Männer von Natur aus nicht verfügten. Diese Behauptungen werden jedoch durch eine Reihe von Untersuchungen widerlegt: Danach versuchen die Väter bei ihren Töchtern, nicht aber bei ihren Söhnen, Gefühlsausdruck und zwischenmenschliche Beziehungen zu fördern. Auch die Mütter beziehen sich gegenüber ein- bis zweijährigen Töchtern im Gespräch vermehrt auf Gefühle, und beide Elternteile belohnen ihre Töchter häufiger, wenn sie anderen helfen.[6] Da verwundert es wenig, wenn Empathie und ein fürsorgliches Sozialverhalten bei Mädchen im Allgemeinen weiter entwickelt sind als bei Jungen, die vor allem von ihren Vätern nach wie vor sehr viel stärker zu »motorisch-aggressiven Verhaltensweisen« wie Toben oder Raufen angeregt werden.[7]

Erstaunlich ist dagegen, dass trotz dieser wissenschaftlichen Ergebnisse immer wieder der Trivialmythos von den angeblich so folgenreichen biologischen Unterschieden zwischen den Geschlechtern aufgetischt wird.

Der Zwang, anders zu sein

Das menschliche Denken und Handeln ist nur zu einem sehr kleinen Teil durch Anatomie, Gene oder Hormone festgelegt. Daher spielt es für den Säugling zwar von Anfang an eine wichtige Rolle, welchem Geschlecht er angehört – in den ersten Monaten nach seiner Geburt aber gewiss nur deshalb, weil seine Umgebung so großen Wert auf geschlechtliche Typisierung legt.

Wenn es dagegen nach ihm ginge, dem Baby im ersten Lebensjahr – es würde sich wohl einfach weiterhin als Teil der mütterlichen Weiblichkeit empfinden, die es ja vor Kurzem erst durch den Geburtskanal verlassen hat. Was haben all die stereotypen Bilder von unbesiegbaren Heldenmännern mit einem 50 oder 70 Zentimeter kleinen Säugling zu tun – gleichgültig, ob dieser nun mit Penis oder Vagina zur Welt gekommen ist?

Doch er spürt, dass sie ihm keine Ruhe lassen werden, bis er sich den Rollenbildern des Geschlechts angeglichen hat, mit dem die Eltern und alle Welt ihn von Anfang an identifiziert haben. Ebenso wie ein weiblicher Säugling identifiziert sich der kleine Junge in seinen ersten Lebensmonaten mit der Mutter, aber anders als dem Mädchen steht ihm eine schmerzliche Erfahrung bevor: Er ist nicht vom gleichen Geschlecht wie sie. Männlich sein, so lautet eine der ersten Lektionen im Leben eines Jungen, bedeutet *nicht-weiblich* zu sein. Das jedoch ist zunächst einmal nur eine negative Abgrenzung: Ich bin nicht wie du – wie und wer ich stattdessen bin, ist damit noch lange nicht gesagt.

Hero-Blau, Beauty-Rosa

Wie stellen männliche Säuglinge überhaupt fest, dass sie von anderem Geschlecht als ihre Mutter sind? Durchschnittlich im achten Lebensmonat entdecken sie, dass sie einen Penis besitzen. Aber dass diese anatomische Ausstattung sie von ihrer Mutter unterscheidet, wird ihnen zu diesem Zeitpunkt natürlich nicht bewusst: Sie spüren lediglich, dass ihre Umwelt, die anfangs größtenteils aus der Mutter besteht, sie als »anders« wahrnimmt.

Eine simple Versuchsanordnung zeigt, wie die »Geschlechtszuweisung« von außen in diesem frühen Stadium funktioniert. Hüllt man ein Neugeborenes in eine rosafarbene Decke und steckt ihm einen rosa Schnuller in den Mund, so wird das Kind als »hübsches Mädchen«, als »zart« und »niedlich« wahrgenommen, und zufällig befragte Passanten äußern die Überzeugung, dass aus ihm einmal eine »schöne Frau« werden wird. Wickelt man denselben Säugling dagegen in eine blaue Decke und versieht ihn mit einem blauen Schnuller, so nimmt seine Umwelt ihn als »kräftigen Jungen« wahr, der es bestimmt einmal »weit bringen« werde.

Im Verlauf seines zweiten Lebensjahrs dämmert dem kleinen Jungen unabweisbar, dass er von anderem Geschlecht als die Mutter ist. Doch als Krise erlebt er diese Erfahrung und die Loslösung aus der Mutter-Kind-Symbiose nur deswegen, weil seine Eltern und seine Umwelt derart stereotype Bilder und Eigenschaften mit den verschiedenen Geschlechtern verbinden. Immerhin ließe sich ja auch eine Zivilisation denken, in der den anatomischen Unterschieden zwischen Männern und Frauen keine derart monumentale Bedeutung zugemessen wird – in der Mut oder Empathie, Tatkraft oder emotionale Intelligenz, Konfliktfähigkeit oder Kreativität als Attribute aller Menschen gelten, wie auch immer deren Geschlechtsmerkmale beschaffen sein mögen.

Doch in eine solche Welt ist unser kleiner Junge nicht hineingeboren worden, und so bleibt ihm wenig anderes übrig, als gleich zwei grundlegende Irrtümer zu berichtigen: Er muss lernen, dass er nicht mit der mütterlichen Weiblichkeit identisch ist – und folglich auch nicht mit dem, für den er sich selbst bis dahin gehalten hatte. Psychologen bezeichnen diesen Vorgang als »doppelte Deidentifikation«.

Heimlich Junge, lauthals Mann

Nach dem Modell von Jean Piaget, einem Pionier der Entwicklungsforschung, erkennen Kinder etwa mit vier Jahren, dass ihre Geschlechtszugehörigkeit unausweichliches Schicksal ist. Bis dahin konnten die Jungen »männliche« Verhaltensweisen spielerisch erproben, aber daneben auch immer noch individuelle Stärken und Vorlieben ausleben – Fantasiebilder malen, sich verkleiden, »weiche« Seiten zeigen, mit Mädchen spielen. Nun jedoch beginnen sie – auch unter dem Druck der gleichaltrigen Jungengruppe im Kindergarten oder in der Nachbarschaft – erbarmungslos bei sich selbst und anderen zu sortieren: Alle individuellen Neigungen und Talente, Wünsche und Fantasien, die nicht zu den klischeehaftesten Männlichkeitsbildern passen, werden in diesem Alter verleugnet, unterdrückt, mit Hohn überschüttet.

Wenige Monate vorher haben sich dieselben Jungen noch mit Mutters schrillsten Klamotten und Stöckelschuhen verkleidet. Im Kindergarten haben sie in bunt gemischten Gruppen aus Jungen und Mädchen gespielt. Beim Schuhkauf konnte es sogar passieren, dass ein Junge wie verzaubert vor einem Regal voll pinkfarbener Mädchenschuhe stehen blieb und sich nur unter Tränen zu einem Paar Jungensandalen überreden ließ. Als wollten sie all diese peinlichen Ausrutscher vergessen machen, schließen sich die Jungen spätestens mit fünf Jahren den ungehobeltsten Grobianen ihrer Altersgruppe an, sehen verehrungsvoll gerade zu denen auf, die am rauflustigsten sind und die unflätigsten Ausdrücke kennen. Für Mädchen haben sie nur noch Spott und Verachtung übrig. Die größtmögliche Beleidigung für einen Jungen dieses Alters lautet ganz einfach »Mädchen«.

Rasanz und Umfang dieser »Persönlichkeitsveränderung« ihrer kleinen Söhne verblüffen oftmals auch solche Eltern, die sich durch einschlägige Ratgeber über die zu erwartende Entwicklung kundig gemacht haben. Die Väter reagieren meist eher befriedigt – endlich fängt der Junge an, sich »wie ein Mann« zu benehmen. Die Mütter beobachten mit respektvollem Befremden die Veränderung ihres Kindes, die von Ratgebern meist pauschal auf das Konto der »männlichen Biologie« verbucht wird.

Gewiss hat dieser Entwicklungsschub auch eine biologische Grundlage: Das körperliche Wachstum beschleunigt sich im Vorschulalter, die Kinder gewinnen an Muskelkraft und Koordinationsfähigkeit – das gilt allerdings ebenso für die Mädchen. Gleichwohl entwickeln diese keine »jungenhafte« Wildheit, sondern grenzen sich im Gegenteil entschiedener als vorher von den Jungen ab. Auch sie spielen nun überwiegend mit Geschlechtsgenossinnen, finden Jungen doof, legen betont »weibliches« Verhalten an den Tag – und unter Umständen auch einige Vorlieben und Eigenschaften ab, die ihnen auf einmal als »unweiblich« erscheinen. Allerdings verläuft dieser Aussonderungsprozess bei den Mädchen meist sehr viel weniger rigide als bei ihren männlichen Altersgefährten – und das nicht etwa, weil die »Hormone« bei ihnen nachsichtiger wären.

Ihre kleine Tochter interessiert sich für Spielzeugbagger und technisches Spielzeug mehr als für Puppen und Schminke? Dann wird sie bestimmt mal eine erfolgreiche Ingenieurin.

Ihr kleiner Sohn hat noch mit vier Jahren selbstvergessen getanzt oder gesungen, sich verkleidet, ein Musikinstrument gespielt, fantasievolle Bilder gemalt, selbst ausgedachte Geschichten erzählt? Dann ist vor allem der Vater höchstwahrscheinlich froh, dass diese Marotten nun endlich ausgestanden sind: Man musste ja fast schon fürchten, dass mit dem Jungen etwas nicht in Ordnung ist.

Also waren es doch die »männlichen Hormone«, die den Kleinen auf den rechten Weg gebracht haben? Wie mir Olaf Jantz, Sozialpädagoge und Jungenarbeiter bei »Mannigfaltig«, einem angesehenen Institut für Jungen- und Männerarbeit in Hannover, am Rande eines jungenpädagogischen Kongresses im November 2007 erzählte, findet er ab einer bestimmten Altersstufe in vielen Schulklassen, in denen er seine »Selbstbehauptungskurse« durchführt, einen Jungen vor, der als »Schwulette« abgestempelt ist. Diese Jungen können alle bunten – weichen, gefühlvollen, kreativen – Seiten von Männlichkeit offen ausleben, die sich die anderen Jungen verboten und abtrainiert haben, weil sie mit ihrem verengten und harten Männlichkeitsbild nicht vereinbar sind. Die jeweilige »Schwulette« wird zwar milde verspottet, bleibt aber ansonsten unbehelligt und ist bei den anderen Jungen meist sogar beliebt – so als ob dieser eine »bunte« Junge stellvertretend für die anderen leben würde, was ihnen selbst untersagt ist.

Die Männlichkeitslücke

Die Erfahrung, von anderem Geschlecht als die Mutter zu sein, stürzt jeden Jungen gleich zu Anfang seines Lebens in eine fundamentale Krise – aber die Vorstellung, stattdessen dem männlichen Geschlecht anzugehören, ist aus der Sicht etwa eines dreijährigen Kindes eher noch fantastischer und verstörender. Nicht nur, weil der leibliche Vater oder andere erwachsene Männer, die es zu sehen bekommt, im Verhältnis zu ihm körperliche Riesen sind. Alltagssprache und Medien – auch die speziell für Kinder, wie Märchen und Bilderbücher – schreiben dem männlichen Geschlecht darüber hinaus noch immer eine überlebensgroße Macht und Herrlichkeit zu, die dem kleinen Jungen unerreichbar scheinen muss.

Schon mit drei, vier Jahren sind die meisten Kinder heutzutage eifrige Medienkonsumenten. Wie ist die Welt beschaffen, die ihnen durch die Fernsehbilder vermittelt wird? Sie bekommen Politiker, Wirtschaftsbosse und Generäle zu sehen – und beinahe noch wie zu Zeiten ihrer Großväter bestehen die Kreise der Mächtigen fast ausschließlich aus Männern. Auch am Steuer von Symbolen maskuliner Stärke wie Panzern oder Flugzeugen sitzen nach wie vor fast ausnahmslos Personen männlichen Geschlechts. Und in unserer Sprache sind der Arzt, der Anwalt oder der Polizist ebenso männlich wie der Mörder, der Attentäter oder der Feind. Die kleinen Jungen lernen also auch heute noch, nicht viel anders als vor 50 oder 100 Jahren: Männer sind mächtig und können ihre Stärke zum Schutz der Schwachen, aber ebenso für Krieg und Verbrechen nutzen. Das Abraham-Programm, wie es im ersten Kapitel beschrieben wurde, wirkt nach Jahrtausenden noch immer.

Im häuslichen Bereich dagegen ist der kleine Junge fast ausschließlich von Frauen umgeben. Da sind seine Mutter, deren Freundinnen und Nachbarinnen, Au-pair-Mädchen und Kinderfrauen, dann die Verkäuferinnen in den Geschäften, später die Erzieherinnen im Kindergarten. Auch Frauen sind natürlich viel größer und stärker als der zwei-, drei- oder fünfjährige Junge – aber hundertmal mächtiger sind offenbar jene Gestalten, deren Geschlecht er selbst angeblich angehört: Sie scheinen die Herrscher der Welt zu sein, die in Raketen zum Mars fliegen oder mit Hubschraubern Verbrecher jagen, während er selbst vielleicht gerade mit Mühe Dreirad fahren lernt.

Die Lücke zwischen dem kleinen Jungen und den männlichen Heldenbildern ist riesig, ein Abgrund – und weit und breit finden sich im Alltag meist keine männlichen Modelle, von denen er lernen könnte, wie sich diese Kluft tatsächlich überbrücken ließe.

Jeder einzelne Junge, der in unserer Gesellschaft aufwächst, steht also bereits im Vorschulalter vor einer großen Aufgabe, deren Lösung sowohl für sein Selbstwertgefühl als auch für seine Lebenschancen entscheidend ist. Er muss die traditionell maskulinen Stärken entwickeln, aber zugleich seine individuellen Interessen und Gaben erhalten und beide Seiten in seiner Persönlichkeit harmonisch zusammenführen. Dabei lassen wir unsere Söhne viel zu häufig allein.

Haben aber die Töchter heutzutage nicht ähnliche Probleme? Im Grundsatz sicherlich ja, doch für die Mädchen, die weiblichen Jugendlichen und jungen Frauen hierzulande stellt sich die Lage deutlich entspannter dar. Frauen können »maskuline« Eigenschaften zeigen und erproben, aber sie müssen es nicht. Und: Sie wachsen fast alle mit wenigstens einem Modell des eigenen Geschlechts auf, das ihnen vorlebt, wie Frauen sich heutzutage auch in der Arbeitswelt erfolgreich schlagen (sehr häufig allerdings noch immer in traditionell weiblichen Berufen).

Bei den Jungen sieht es genau umgekehrt aus: Sie müssen sich kämpferischen Herausforderungen stellen, das verlangt schon ihr Selbstverständnis, das auf herkömmlichen Vorstellungen von Männlichkeit beruht. Aber das erfordert auch die Rolle des »Ernährers«, des Allein- oder Hauptverdieners in traditionellen Familien, die den Männern hierzulande immer noch weit häufiger als den Frauen zufällt.

Der »maskuline« Säugling

Schon das ungeborene Kind nimmt Außenweltreize nicht nur wahr, sondern vermag sie einzuordnen und sich über längere Zeiträume an sie zu erinnern. So wurde nachgewiesen, dass Säuglinge noch Monate nach der Geburt vielerlei Geräusche wiedererkennen, die sie davor zuletzt im Mutterleib vernommen hatten – bestimmte Musikstücke etwa und sogar Texte, die die Mutter ihrem ungeborenen Kind vorgelesen hatte.[8] Auch mit der Stimme seines Vaters kann das Neugeborene auf diese Weise Erinnerungen verbinden, wenn sich der Erzeuger schon vor der Geburt zusammen mit der Mutter auf die Ankunft des Nachwuchses eingestimmt hat.

Sieger vor dem Start

Zahlreiche Untersuchungen haben gezeigt, dass sich auch unbewusste Ängste und Erwartungen der Eltern bereits dem ungeborenen Kind vermitteln. Das gilt nicht zuletzt für die Reaktionen werdender Väter: Heutige Männer sehen der Ankunft ihres Sohns häufig mit gemischten Gefühlen entgegen. Unangenehme oder gar traumatische Erinnerungen an ihre eigene Kindheit und das in vielen Fällen verkrampfte, zumindest aber kühle und distanzierte Verhältnis zu ihrem Vater kommen hoch oder werden mühsam unterhalb der Bewusstseinsschwelle gehalten – die Erfahrungen, über die sie selbst zum Thema »Vater und Sohn« verfügen, sind in aller Regel für ihre eigene Vaterrolle wenig hilfreich.[9] In Form von Stimmungsschwankungen, physiologischen Reaktionen oder anderen unbewussten Signalen der Mutter dringen solche Botschaften direkt zu dem im Bauch heranreifenden Nachwuchs durch.

Ist ihr Sohn erst zur Welt gekommen, gleiten viele junge Väter rasch und oftmals unbemerkt in die Rolle hinein, die einst ihr eigener Vater ihnen gegenüber eingenommen hatte – und unter der sie selbst als kleine Jungen leiden mussten. Auch wenn sie ihre Söhne aufrichtig lieben, fehlt es ihnen an Möglichkeiten, dieser Zuneigung Ausdruck zu verleihen. So verhalten sie sich den Jungen gegenüber gefühlsarm, schweigsam, distanziert oder auf forcierte, unauthentische Weise locker und kumpelhaft – woher sollten sie auch die Fähigkeit nehmen, Emotionen zu zeigen, Zärtlichkeit und Nähe zu ertragen, die sie selbst meist von ihrem Vater nicht erfahren haben?

Erstaunlich häufig äußern die »in unserer Gesellschaft latent homophoben Väter« auch heute noch die Sorge, dass ihr Sohn schwul werden könnte, wenn sie ihn »verzärteln«[10] – und tragen auch dadurch ihren Teil dazu bei, dass das Abraham-Programm, die fast schon automatisierte emotionale Zurücksetzung der Söhne, an die nächste Generation weitergegeben wird. Das gilt umso mehr, wenn werdende Väter Vorstellungen von typisch männlichen Eigenschaften und Verhaltensweisen naiv auf ihren Sohn projizieren: Kräftig, unerschrocken und erfolgreich soll er dann selbstverständlich werden, ein Helden- und Eroberertyp – im Beruf und in Bezug auf das andere Geschlecht.

Seine Programmierung auf die Männerrolle beginnt, ehe er seinen ersten Schrei getan hat – darin ist sich ein Großteil der Wissenschaft einig. Vor allem die biologischen Väter haben sich oftmals bereits ein Bild von ihrem Sohn gemacht, sobald sie nur sein Ultraschallporträt gesehen haben. Leider bedeutet das aber: Sie haben sich kein Bild von ihrem Kind gemacht, sondern aus den ererbten Klischees von »Männlichkeit« eine Sohnesstereotype gebastelt – mit Mut und Siegeswille, Durchsetzungs- und Zeugungskraft, ein Abraham-Nachfahr wie aus dem biblischen Bilderbuch.

Diese »typisch männlichen« Attribute und Verhaltensmuster werden von Vätern in sehr viel stärkerem Maß als von den Müttern auf die Söhne projiziert.[11] Margarete Blank-Mathieu zitiert in ihrer Doktorarbeit einen Psychotherapeuten mit der Bemerkung, für manche Jungen wäre es besser gewesen, nicht mit einem Vater aufgewachsen zu sein.[12] Doch auch die Mütter verbinden nahezu unvermeidlich bestimmte Vorurteile und Erwartungen mit dem Geschlecht des Kindes, das in ihnen heranreift – mit dem Ergebnis, dass das Baby, wenn es schließlich zur Welt kommt, schon in beträchtlichem Ausmaß auf seine »Geschlechterrolle« festgelegt ist. Der Eifer, mit dem Jungen ebenso wie Mädchen diese elterlichen Erwartungen sodann zu erfüllen versuchen, kann schwerlich erstaunen: Schließlich hängt ihr Überleben davon ab, dass die Personen, auf die sie noch viele Jahre angewiesen sein werden, ihnen wohlgesonnen bleiben.

Eltern-Puzzle

»Durch die Erkenntnisse der Vaterforschung, einer relativ neuen Disziplin, wurde in den letzten Jahren die Bedeutung des Vaters schon für ganz kleine Kinder erheblich aufgewertet«: Aussagen wie diese findet man mittlerweile in jedem Illustriertenartikel über »neue Väter« und die Probleme der Söhne. Wie vertragen sie sich aber mit den Analysen von Vaterschaftsforschern wie Alexander Mitscherlich (»Erlöschen des Vaterbildes«) oder Yvonne Knibiehler (»Mutter und Kind können ohne Vater leben«), die ich im ersten Kapitel beschrieben habe?

Der vermeintliche Widerspruch lässt sich leicht auflösen: Mitscherlich und Knibiehler beziehen sich auf den traditionellen Familienvater, dem bis in die jüngere Vergangenheit bestimmte Eigenschaften und Aufgaben zugesprochen wurden. Vaterforscher wie Wassilos Fthenakis oder Alexander Miró dagegen sprechen von etwas ganz anderem: von »väterlichen Prinzipien« und »mütterlichen Funktionen«, die erfüllt werden müssen, damit Kinder in für sie förderlichen Verhältnissen aufwachsen können.

So hatte die herkömmliche Bindungsforschung seit dem 19. Jahrhundert darauf beharrt, dass Säuglinge im ersten Lebensjahr einzig zu ihren Müttern intensive Bindungen eingehen könnten – eine »Glorifizierung der Mutterschaft«, wie Fthenakis spottet, die »in erster Linie ökonomischen Notwendigkeiten« geschuldet war.[13] Dagegen belegt die moderne Vaterforschung, dass sich das Bindungsverhalten des Kindes unabhängig vom Geschlecht des betreuenden Elternteils entwickelt – entscheidend ist einzig die Qualität der Beziehung zwischen Bezugsperson und Kind.[14]

Mit anderen Worten: Männer können ebenso wie Frauen die (auch emotional) »nährende«, herkömmlich »mütterliche Funktion« übernehmen – und werden hierbei von dem betreuten Säugling als »Mütter« bereitwillig akzeptiert. Denn nicht nur das Geschlecht des betreuenden Elternteils ist für die Bindungsqualität bedeutungslos – auch der biologische Beitrag, den der leibliche Vater zur Erzeugung des Kindes geleistet hat, spielt dabei keine Rolle.[15]

Genauso gilt für die »väterlichen Funktionen«, dass diese von Männern wie von Frauen erfüllt werden können. Im psychoanalytischen Modell ist der Vater der »Dritte«, der in die Mutter-Kind-Symbiose einbricht und so den Jungen befähigt, sich aus der Verschmelzung mit der Mutter zu lösen. Nicht nur kann aber diese »mütterliche Funktion« auch von einem Mann übernommen werden – ebenso kann eine Frau das trennende »väterliche Prinzip« verkörpern. Dieses ist also weder von einem bestimmten Geschlecht noch von etwaigen Blutsbanden abhängig, sondern allein von der Position, die der- oder diejenige innerhalb der Familienstruktur einnimmt. Auch andere Personen als die leiblichen Eltern, mehrere oder wechselnde Bezugsfiguren können sich dem Kind in der väterlichen ebenso wie der mütterlichen Rolle zuwenden.[16]

Die leiblichen Väter qualifiziert für die Erfüllung dieser »mütterlichen« wie auch der »väterlichen Funktionen« erst einmal gar nichts – es sei denn, man hielte das verständliche Drängen ihrer Partnerinnen auf gerechtere Verteilung der häuslichen Lasten oder den hingebungsvoll zelebrierten Still- und Gebärneid der »neuen Männer« bereits für hinlängliche Befähigungsnachweise. Auch die leiblichen Mütter sind gewiss nicht zwangsläufig Muster an »mütterlicher« Funktionserfüllung. Aber während der Schwangerschaftsmonate und meist auch noch nachher, in der Stillzeit, kommt ihnen immerhin die elementarste aller traditionell »mütterlichen« Aufgaben zu: die Versorgung des Kindes mit lebenserhaltender – physischer und psychischer – Nahrung.

Irrweg Vater-Idealisierung

Welche praktischen Schlussfolgerungen lassen sich aus diesen Erkenntnissen der Bindungsforscher und Entwicklungswissenschaftler ableiten? Obwohl die Konsequenzen auf der Hand liegen, wurden sie meines Wissens bisher nirgendwo formuliert.

Betrachten wir die Lage nochmals aus der Sicht des kleinen Jungen: Wenn bei seiner Betreuung frühzeitig auch männliche Bezugspersonen »mütterliche Funktionen« übernehmen, wird der Schock der »Deidentifikation« sicherlich gemildert. Anstatt spät und krisenhaft aus der trügerischen Einheit mit der Mutter herausgerissen zu werden, lernt der Junge von seinen ersten Lebensmonaten an, zwischen »Einheit und Differenz«, »mütterlichem« und »väterlichem Prinzip« zu wechseln. Zu größerer Freiheit kann er auf diese Weise aber nur gelangen, wenn sich mehrere, nach Temperament und Charakter möglichst unterschiedliche männliche Bezugspersonen die väterlichen Aufgaben teilen.

Der biologische Erzeuger sollte also seine Vaterrolle keineswegs allein, sondern gemeinsam mit einer Reihe geeigneter Nebenväter übernehmen – und zwar aus vier Gründen:

- Das in unserer Kultur ganz tief verankerte Abraham-Programm hat fast unvermeidlich zur Folge, dass die biologischen Väter ihre Söhne als »Spiegel« missbrauchen, also Einstellungen und Verhaltensweisen fördern, die sie an sich selbst für gut erachten, und Talente oder Eigenschaften ächten oder missachten, die sie bei sich als Makel empfinden – nicht selten deshalb, weil sie von ihren Vätern so geprägt worden sind.
- Verstärktes väterliches Engagement an sich ist folglich nicht notwendigerweise von Vorteil für die Söhne – doch das in deutschen Familien ohnehin weit häufigere Gegenteil ebenso wenig. War der Familienvater im Mittelalter das »Abbild Gottes«, so gleicht er heute in der Mehrzahl der Familien eher dem ominösen Godot in Samuel Becketts Theaterstück, auf den die »Söhne« Wladimir und Estragon in alle Ewigkeit vergeblich warten. Die Rolle eines männlichen Modells für ihre kleinen Söhne bleibt überwiegend unausgefüllt, da die Väter selbst diese Position kaum mehr einnehmen können oder wollen (und auch nicht unbedingt sollen), aber gleichwohl besetzt halten: Anstatt von den konkreten Verhaltensweisen eines realen Mannes lernen zu können, bleibt den Jungen nichts anderes übrig, als den abwesenden Vater zum vermeintlichen Supermann zu idealisieren.
- Nachahmung und Idealisierung des leiblichen Vaters (oder auch dessen Nachfolgers, des Adoptiv- oder

Patchwork-Vaters) erweisen sich spätestens dann vollends als die »falsche Spezialisierung«, wenn der Vater durch die Trennung der Eltern gänzlich abhanden kommt: Die Ehescheidungsrate liegt hierzulande stabil über 50 Prozent, bei mehr als der Hälfte aller deutschen Scheidungswaisen geht der Kontakt zum Vater verloren.[17] Eine 25 Jahre umfassende Längsschnittstudie zu den psychosozialen Langzeitfolgen bei Scheidungskindern belegt, dass diese im Erwachsenenalter fortlaufend vor allem mit zwischenmenschlichen Problemen und Krisen zu kämpfen haben.[18]

- Nach vielfach bestätigten Erkenntnissen der Forscher versuchen zu allem Überfluss gerade biologische Väter meist sehr viel stärker als die Mütter oder sonstige Bezugspersonen, ihre Söhne zu traditionell maskulinem Verhalten zu drillen: Ob sie an- oder abwesend sind, engagiert oder passiv – in jedem Fall zeigen sie eine starke »abrahamitische« Tendenz, die individuellen, vermeintlich unmännlichen Seiten ihrer Söhne abzuschleifen und zu unterdrücken, anstatt sie zu fördern.

Bei alledem treibt die Mehrzahl der leiblichen Väter gewiss kein böser Wille: Die Grundeinstellungen, die wir als Erzieher unseren Kindern vermitteln, sind größtenteils in unserem Unbewussten verankert. Durch Gebärdensprache und Wortwahl, Tonfall, Mimik oder Atemrhythmus teilen sie sich den Kindern auf sehr viel mehr Übermittlungskanälen mit, als wir mit unserer Willenskraft kontrollieren können. So wird vielen Vätern allenfalls in seltenen Momenten vage bewusst werden, dass sie »ihrem« Sohn, dem vermeintlichen Spiegelbild ihrer selbst, all jene »unmännlichen« Eigenschaften und Verhaltensweisen auszutreiben versuchen, die sie bei sich selbst als Schwäche empfinden. Gleichwohl üben sie umso massiveren Anpassungsdruck auf die Jungen aus, je früher und intensiver sie sich bei der Betreuung ihrer Söhne engagieren.

Väter erzwingen »männliches« Verhalten

Wie die neuere Bindungsforschung herausgefunden hat, legen Väter im Umgang mit den Kleinen ein »herausfordernd feinfühliges«, Mütter dagegen ein »gewährend sensitives Spielverhalten« an den Tag. Hinter den gewundenen Formulierungen verbirgt sich ein schlichter Sachverhalt: Auch wenn die Unterschiede zwischen den elterlichen Geschlechterrollen heute weniger ins Auge stechen als in früheren Generationen, haben sie in nicht allzu subtiler Verhüllung nur wenig abgeschwächt überdauert. Väter halten ihre Söhne zu heldenhafter Eroberung ihrer Umwelt an, während Mütter die Kinder mit einem Kokon schützender Ge- und Verbote umgeben.

Dabei zeigt sich immer wieder, dass die Väter deutlich mehr Druck als die Mütter ausüben, damit ihre Kinder sich den Geschlechterklischees entsprechend verhalten. Der Familienforscher Jean Le Camus schreibt: »Männer sind mehr darauf aus als ihre Partnerinnen, bei Jungen den Umgang mit Gegenständen, Problemlösungen und die Beherrschung der Dingwelt zu fördern und bei Mädchen Expressivität, Beziehungen untereinander, also Bereiche, die auch mit Abhängigkeit zu tun haben. Väter spielen bei der Spezialisierung der Geschlechter gegenüber Müttern also offenkundig eine stärkere Rolle.«[19]

Der Psychoanalytiker Kai von Klitzing beschreibt an einem scheinbar banalen Beispiel, wie sich solche Abrichtung durch familiär engagierte Väter auswirken kann:

»Ein Spiel mit Knete erweckt bei den meisten zweijährigen Kindern Freude und Lust an Schmutz, am Spielen mit kotähnlichem Material und an der Beschäftigung mit Ausscheidungsprodukten.« Doch vor allem Väter, die sich in scheinbar vorbildlicher Weise bei der Kleinkindbetreuung engagieren, »sind in dieser Phase nicht selten bemüht, diese Lust des Kindes in soziale Bahnen zu lenken. Es passt gut in unsere fortschrittsorientierte Zeit, dass wir uns freuen, wenn ein Kind bald brav und angepasst Knete ähnlich schön rollt, wie ihm der Erwachsene es vormacht, anstatt mit ihr zu schmieren, zu schleimen und alle möglichen Arten von Dreckerfahrungen zu machen. Wir können schon erste Phantasien über die zukünftige akademische Karriere unserer Kinder mit dieser hohen Lernfähigkeit verbinden. Aber braucht ein Kind in diesem Alter nicht auch einen Vater, welcher Abstand von seinen ehrgeizigen Formungszielen nimmt, bis zu einem gewissen Grad auf die anale Lust des Kindes eingeht, in diesem Sinne altersadäquat mit dem Kind spielt und ihm damit auch den väterlichen Umgang mit Triebhaftigkeit demonstriert? Wir sollten uns enthalten, den so wichtigen Vorgang des Kinderspiels mit Formungs- und Anpassungstendenzen zu befrachten. Das Spiel ist ein wichtiger Übergangsbereich in der kindlichen Entwicklung, in welchem das Kind mit der eigenen Triebhaftigkeit und der Anforderung der Außenwelt experimentieren kann.«[20] Oder eben nicht, wenn die leiblichen Väter vermehrt Gelegenheit erhalten, ihre Vorstellungen von »typisch männlichem« Verhalten schon im Windelalter bei ihren Söhnen durchzuboxen.

So oder so ist es für die Söhne in unserer heutigen Welt nicht mehr sinnvoll, einen einzigen Mann als Vater zu idealisieren und ihn als alleiniges Vorbild zu nehmen – sei es nun der leibliche Vater oder der aktuelle Lebenspartner der Mutter. In früheren Zeiten konnte das, wie im ersten Kapitel gezeigt, eine zweckmäßige Spezialisierung sein, und oftmals stand auch kein anderes Modell als das des leiblichen Erzeugers zur Verfügung. Heute aber beweisen die biologischen Väter ihre elterliche Verantwortung und Liebe dadurch am besten, dass sie ihre Söhne von dem Zwang befreien, sie als verpflichtendes Vorbild männlicher Identität nachzuahmen.

Zwar bereitet es, wie Vaterforscher Miró schreibt, Vater und Sohn »offensichtlich ein großes Wohlgefallen, wenn der Sohn den Vater als nachstrebenswertes Vorbild betrachtet und diesem in allen Belangen nacheifert«.[21] Doch auf die Verherrlichung des Vaters in der Kindheit folgt unweigerlich die Entthronung bis hin zur »Vaterverachtung« (Alexander Mitscherlich), wenn der Junge spätestens im Pubertätsalter erkennt, dass sein Erzeuger im Allgemeinen wohl allenfalls eine mittelmäßige und austauschbare soziale Position einnimmt – und dass der vom Vater ausgeübte Zwang, herkömmlich männliche Einstellungen und Eigenschaften zu übernehmen, bei seinem Sohn gerade solche Talente und Qualitäten hat verkümmern lassen, die er dringend gebraucht hätte, um ein erfahrungs- und erfolgreiches Leben zu führen.

Denn dafür kommt es im 21. Jahrhundert vor allem auf individuelle Stärken und zeitgemäße Strategien der Lebensbewältigung an – die Rezepte und Selbstkonzepte der Väter dagegen sind, unvermeidlich in unserer schnelllebigen Zeit, längst wieder hoffnungslos veraltet, wenn die Erzeuger ihren Erfahrungsschatz nach alter Sitte an die Stammhalter weitergeben könnten.

Das gilt mittlerweile selbst für die Klassiker unter den Vater-und-Sohn-Klischees. »Mist«, stöhnen heutige Jungen gar nicht selten, »am Wochenende ist mein Vater da – und ich muss wieder mit ihm Drachen steigen lassen.« Oder gar, am uncoolsten: in Vaters Sportverein gehen. Ein Großteil der Jungen zieht dem bierernst betriebenen Turniersport mit Vereinsheim und piefigem Platzwart beispielsweise spontan organisierte Basketball-Sessions im Hinterhof vor – seit mittlerweile zehn Jahren oder mehr, auch wenn viele Väter es bis heute nicht so recht bemerkt haben. Sogar ihr Humor stammt aus der »Steinzeit«: Ein ganzes Wochenende lang über Papas altbackene Witze lachen zu müssen kann ganz schön ermüdend sein, wie die Jungen durchblicken lassen – aus Höflichkeit meist nur hinter Daddys Rücken.

Olaf Jantz, der Jungenarbeiter bei »Mannigfaltig«, berichtet, dass kaum einer der Jungen, mit denen er in seinen »Selbstbehauptungskursen« zusammentrifft, zu seinem leiblichen Vater eine mehr als oberflächliche Beziehung hat. Als Vorbilder spielen die Erzeuger spätestens ab dem letzten Grundschuljahr kaum mehr eine Rolle – Sporttrainer oder andere Männer aus dem privaten Umfeld, die meist deutlich jünger sind als die biologischen Väter, haben in der Praxis die Rolle männlicher Modelle und Mentoren eingenommen, die früher einmal hauptsächlich den Erzeugern zukam. Allerdings suchen sich die Jungen gerade in diesem Alter meist Vorbilder, die ihnen »cool« erscheinen – statt solchen, die sie in bislang weniger ausgebildeten und für ihre Entwicklung umso wichtigeren Eigenschaften bestärken würden. Mentoren zu haben, genügt also nicht, – es kommt darauf an, was sie vermitteln.

Warum es Mädchen heute besser haben

Mädchen finden heutzutage bereits während der ersten Lebensjahre deutlich bessere Entwicklungsbedingungen als ihre männlichen Altersgenossen vor – egal, ob sie in traditionellen, Rest- oder Patchwork-Familien aufwachsen. Ausschlaggebend sind wiederum vier Gründe:

- Gewiss gibt es hierzulande auch Mütter, die nicht erkennen und akzeptieren können, dass ihre Töchter eigenständige Individuen sind. Die für ihre Tochter beispielsweise das erreichen wollen, was ihnen selbst versagt war – obwohl das Mädchen vielleicht ganz andere Pläne hat. Aber was bei den Mutter-Tochter-Beziehungen eher die krankhafte Ausnahme darstellt, ist in unserer Kultur hinsichtlich der Väter und Söhne Programm.
- Die Mütter hierzulande sind – trotz Emanzipation und Berufstätigkeit – wie eh und je als wichtigste Bezugsperson für ihre Kinder präsent. Davon profitieren wiederum vor allem die Töchter, die so in aller Regel mit dem Elternteil des eigenen Geschlechts groß werden, die Mutter von Anfang an in unterschiedlichsten Rollen beobachten und von ihr lernen können. Überdies wachsen die Mädchen fast immer mit einer Vielzahl weiterer weiblicher Modelle und Mentorinnen auf – Kinderfrauen, Nachbarinnen, Freundinnen und Verwandte der Mutter. Bei den Jungen dagegen ist der Vater vielfach der einzige erwachsene Mann in der Familie und der näheren Umgebung – und der ist für die Söhne auch noch so gut wie nie verfügbar.[22]
- Vor allem in den Großstädten trennen sich die Eltern heutzutage oftmals schon, bevor das gemeinsame Kind

auch nur die Schulreife erreicht hat. In 86 Prozent der Fälle[23] bleiben die Kinder nach Trennungen oder Scheidungen bei der Mutter; die Zahl der alleinerziehenden Mütter betrug 2004 in Deutschland bereits nahezu 2,7 Millionen – Tendenz steil ansteigend. Gut für die Töchter, die zumindest den Elternteil des eigenen Geschlechts nicht verlieren, schlecht wiederum für die Söhne, die ihre leiblichen Väter in einer weiteren Negativrolle kennenlernen: nach dem abwesenden und dem abrichtenden nun auch noch der abhanden gekommene Vater.

- Noch vor wenigen Generationen vermittelten auch die Mütter hierzulande ihren Töchtern starre und stereotype Vorstellungen von »weiblicher Identität«. Aber Selbstbilder und Selbstbewusstsein der Frauen in unserer Gesellschaft haben sich während der letzten dreißig Jahre tiefgreifend gewandelt. Selbst in konservativländlichen Familien wird es heute weithin akzeptiert, wenn Mädchen Vorlieben und Verhaltensweisen an den Tag legen, die vor 50 Jahren noch als unweiblich galten, oder traditionell männliche Berufe ergreifen wollen – während sich die männlichen Selbstkonzepte seither kaum weiterentwickelt haben.

Zeitgemäße Männlichkeit ermöglichen: Förderväter für unsere Jungen

Was müssen wir ändern, damit künftig die Jungen ebenso wie die Mädchen von klein auf in ihrer individuellen Entwicklung bestärkt und gefördert werden – auch und gerade in solchen Talenten und Vorlieben, die mit dem abrahamitischen Männerbild scheinbar nicht vereinbar sind? Hierfür sind vor allem in unseren öffentlichen Betreuungs- und Bildungseinrichtungen grundlegende Reformen nötig – Krippen und Kindergärten müssen nach neuesten wissenschaftlichen Erkenntnissen und höchsten Qualitätsstandards ausgebaut und bei den schulischen Unterrichtsmethoden und -inhalten manche gut gemeinte Übertreibung schleunigst korrigiert werden. Auf diese Punkte komme ich im folgenden Kapitel ausführlicher zu sprechen. Hier soll es zunächst darum gehen, was wir alle selbst und sofort unternehmen können.

Fördervater – ein erster Steckbrief

Um für die Jungen im privaten Bereich möglichst früh ähnliche Bedingungen zu schaffen, wie sie bei den meisten Mädchen heutzutage zu deren offenkundigem Vorteil bestehen, sind folgende Maßnahmen hilfreich:

- Eine möglichst *frühzeitige* Präsenz und verstärktes Engagement von erwachsenen Bezugspersonen des eigenen Geschlechts;
- möglichst *mehrere* männliche Modelle und Mentoren, die unterschiedliche Charaktere, Berufe, Selbstentwürfe und Lebensstile verkörpern;
- möglichst *keiner* dieser »Förderväter« sollte das gestrige Konzept verengter männlicher Identität verkörpern – ein Elterngeld für Großeltern, wie von der Bundesfamilienministerin unlängst angeregt, wäre also verhängnisvoll;
- möglichst viele dieser modernen Paten sollten privat und beruflich auf eine zukunftsweisende Art *erfolgreiche* Männer sein – also weder Betonköpfe mit »Das war schon immer so«-Mentalität noch marginalisier-

te Nur-Hausmänner, die vor dem Leistungsdruck der heutigen Berufswelt in die Rolle geflüchtet sind, die ihre eigenen Mütter vor 50 Jahren innehatten.

Soweit er bereit und imstande ist, das Wohl seines Kindes über die angestammten Vorrechte des Erzeugers zu stellen, kann auch der biologische Vater in dieser Galerie der Modelle und Mentoren, Neben- oder Förderväter seinen Platz und seine Aufgabe finden. Oftmals wird er das in der Praxis auch müssen, wenn ohne seinen Einsatz der Mutter ein ungerecht großer Anteil an der häuslichen Arbeit zufiele. Ohnehin wird der in unserer Kultur tief verankerte »Mystizismus der Zeugung« den leiblichen Vätern noch auf lange Zeit einen besonderen Platz in den Köpfen und Herzen gerade ihrer Söhne sichern – so wie wohl auch den meisten Söhnen ein Platz in den Herzen ihrer Väter gewiss ist. Es wird jedoch allerhöchste Zeit, dass wir die für die Jungen negativen Seiten dieser väterlichen Zuwendung entschärfen.

Das bedeutet vor allem anderen, dass wir die väterliche Seite des elterlichen Sorgerechts auf zeitgemäße Weise weiterentwickeln müssen. Zum Wohl insbesondere der Söhne müsste es möglich gemacht werden, im Zweifelsfall auch gegen den Willen der leiblichen Väter männliche Modelle und Mentoren als Förderväter einzusetzen. Einen Großteil ihrer einstigen Erziehungs- und Ausbildungsrechte haben die Familienväter bereits an den öffentlichen Vater »Schule« verloren. Nun ist es allerhöchste Zeit, dass sie in einem weiteren Schritt ihre »Gewalt« über die Söhne bereits während deren erster Lebensjahre zumindest teilweise an Nebenväter abtreten, deren Engagement für die Jungen auch tatsächlich förderlich ist. Das bedeutet nicht etwa, dass sie aus ihrer Verantwortung für das Kind entlassen werden sollen – doch die Gefahr, dass sie durch unverantwortliches Handeln oder Nichthandeln die Entwicklung gerade ihrer Söhne behindern, kann durch engagierte Nebenväter wirkungsvoll reduziert werden.

Wie Nebenväter helfen können

Dringender als alles andere brauchen die meisten Jungen heutzutage erwachsene Bezugspersonen des eigenen Geschlechts. Das Engagement dieser Förderväter kann kaum früh genug beginnen – moderne Vaterforscher betonen, wie weiter vorn in diesem Kapitel gezeigt, dass bereits Neugeborene enge Bindungen einzugehen vermögen. Doch nicht auf die Übernahme traditionell »mütterlicher Funktionen« kommt es hierbei hauptsächlich an, sondern auf Präsenz und Zuwendung männlicher Modelle, die es den Jungen erlauben, eine möglichst große Vielfalt männlicher Identitäten, unterschiedlicher Selbst- und Lebenskonzepte durch spielerische Nachahmung zu erproben.

Denn das überlebensgroßen Stereotyp des unbändig kampfesmutigen, eroberungsseligen und siegesgewissen Mannes sind ja keineswegs bloß verstaubte Schablonen ohne Bezug zu unserer heutigen Wirklichkeit. Ohne die alte »maskuline« Grundausstattung, ohne Kampfgeist, Wettbewerbsorientierung und Siegeswillen ist heute so wenig eine Karriere in Wirtschaft oder Politik möglich wie früher eine Laufbahn in der kaiserlichen Armee. Für eine erfolgreiche Lebensgestaltung brauchen jedoch auch die Männer heute sehr viel mehr als nur die alten abrahamitischen Tugenden: Überdies sollten sie ihre individuellen Stärken entfaltet haben und über Softskills wie Team- und Kompromissfähigkeit verfügen.

Wenn es den Jungen schwerfällt, solche angeblich weiblichen Fähigkeiten bei sich selbst zuzulassen und zu entwickeln, dann hat dies mit »Genen und Hormonen« herzlich wenig zu tun. Das zeigt bereits ein flüchtiger Blick auf die Entwicklung weiblicher Identitätskonzepte in den letzten 50 Jahren: Noch die Großmütter der Mädchen, die heute teilweise selbst bei den Mathematiknoten an den Jungen vorbeiziehen[24], durften meist keine höhere Schule besuchen, geschweige denn studieren oder einen »Männerberuf« ergreifen. Nach der Volksschule lernten sie allenfalls Hauswirtschaft, um ihren künftigen Ehemännern »gute Hausfrauen« zu sein. Denn angeblich konnten Mädchen und Frauen nicht logisch denken, und geometrische Figuren stellten für sie unergründliche Rätsel dar.

Damit auch die Jungen von heute und morgen endlich aus dem alten Abrichtungsprogramm freikommen, sollten ihre Eltern spätestens dann einige Förderväter hinzuziehen, wenn die Söhne das kritische Alter von vier, fünf Jahren erreichen: In diesem Entwicklungsstadium müssen die Weichen gestellt werden, damit sie lernen (und akzeptieren!), dass es möglich und für ein zufriedenes und erfolgreiches Leben sogar geboten ist, die eigenen individuellen Gaben und Interessen weiter zu kultivieren – statt sie auf dem Altar abrahamitischer Mannwerdung zu opfern.

Denn die Erfahrungen von Eltern und Erzieherinnen in den Kindergärten und Vorschulklassen bestätigen, was durch wissenschaftliche Untersuchungen[25] belegt ist: Durch den Anpassungsdruck in den Peergroups, den gleichaltrigen Jungengruppen im Kindergarten oder im Wohnviertel, werden in diesem Alter mit beängstigender Rasanz alle verbliebenen Talente und Interessen von den Jungen abgeschliffen, die nicht mit stereotypen Männlichkeitsbildern vereinbar sind. Diejenigen Teile der Persönlichkeit, die nicht im Alter von vier bis allenfalls sechs Jahren in den entstehenden Charakter eingefügt werden können, werden abgespalten und unterdrückt: Die nicht mehr genutzten Hirnareale werden mit neuen »Programmen« überschrieben, sodass kreative Gaben, emotionale Empfänglichkeit oder sprachliche Ausdruckskraft, die ein Junge während seiner ersten Lebensjahre besessen hat, unwiderruflich verkümmern.

Um einem Jungen im Vor- oder Grundschulalter als Modell und Mentor zu helfen, braucht es keinen Wochenendkurs im Wildwasser-Rafting, und für Fußball oder Drachensteigen begeistern sich gemeinhin die Väter mehr als die Jungen. Die sind in jedem Fall fasziniert, wenn ein Mann bereit ist, ihnen seine Aufmerksamkeit zu schenken; aber was sie sehr viel dringender brauchen als ein gemeinsames Heldenabenteuer ist die Erfahrung, dass Männer nicht immer und ununterbrochen stark, kontrolliert und Herr der Lage sein müssen.

Kaum etwas kann einen Jungen, der unter der Last übergroßer Männlichkeitsklischees aufwachsen muss, mehr erstaunen – und beglücken – als ein erwachsener Mann, der ihm ohne großes Trara von Situationen erzählt, in denen er Angst hatte, mutlos war, sich überfordert fühlte, nicht weiterwusste. Und was er dann gemacht hat, um aus dem Tief wieder rauszukommen – oder wie er seine Niederlage verarbeitet hat.

Förderväter gesucht

Welche Männer kommen also konkret als Förderväter infrage – und wie könnte diese private Weiterentwicklung der »Vaterschaft« praktisch zu bewerkstelligen sein?

Die Eltern – Paare ebenso wie alleinerziehende Mütter oder Väter – sollten bewusst solche Mentoren zu gewinnen versuchen, die eines oder mehrere der Talente ihres Sohnes aufweisen oder auch in dem Jungen möglicherweise schlummernde Begabungen und Interessen wecken können. Weil insbesondere Fantasie und Kreativität mit traditionellen Männlichkeitsbildern kollidieren, sind engagierte, zielbewusste, erfolgreiche Künstler, Kunststudenten, auch Kreative aus den Design- und Werbeberufen sicherlich besonders wertvolle Förderväter.

Natürlich sind Nebenväter mit technischen Talenten und Berufen ebenso willkommen: Im weithin männerlosen deutschen Familienalltag ebenso wie in der Mütterwelt der Kindergärten sind männliche Mentoren mit technischen Kenntnissen, Spaß am Tüfteln und Expertenwissen in einem der zeitlosen Jungen-Traumberufe (Automechaniker, Ingenieur ...) beinahe seltener als Frauen im katholischen Priesteramt.

Als guter Fördervater kann sich auch der Nachbar mit anderer Muttersprache erweisen, der einem Jungen regelmäßig etwas auf Italienisch oder Hindi erzählt: Bei Kindern, die ab dem ersten oder zweiten Lebensjahr zweisprachig aufwachsen, wird die »Zweitsprache« in der linken Gehirnhälfte gespeichert – so, als ob es gleichfalls eine »Muttersprache« wäre. Für Eltern, die ohnehin Betreuungsaufgaben an Hilfskräfte delegieren, bietet es sich an, Männer statt Frauen für ihren Sohn zu engagieren: Au-pair-Jungen können zu wertvollen Modellen für die Söhne werden, ebenso männliche Babysitter. Natürlich muss man sich vergewissern, dass es sich um vertrauenswürdige Personen handelt – aber das gilt für Au-pair-Mädchen oder Kinderfrauen schließlich auch.

Die Förderväter, die wir für unsere Söhne gewinnen, sollten nach Temperament und Charakter, Beruf und Lebensstil möglichst unterschiedlich und der Altersabstand zu ihrem »Fördersohn« eher geringer sein als üblicherweise zwischen dem Vater und seinem Nachwuchs: Einem Mentor von vielleicht Mitte bis Ende zwanzig oder allenfalls Anfang dreißig ist das Denken und Empfinden eines heranwachsenden Jungen noch deutlich näher als den meisten spät berufenen Vätern von heute, die sich zur Bewältigung der Midlife-Crisis oder zur Abrundung ihres Best-Ager-Lifestyles einen Nachkommen gönnen.

Prinzipiell ist Männern, die ihr Leben selbst managen – also Freiberufler, Kleinunternehmer, freischaffende Künstler oder Studenten, die sich ihr Studium selbst finanzieren –, der Vorzug vor solchen mit unselbstständigen Lebensentwürfen zu geben: Die gehören ohnehin tendenziell der Vergangenheit an.

Besonders wichtig ist, dass die Förderväter, jeder auf seine Weise, durchaus *erfolgreich* sein sollten. Wenn ich zu Lesungen in Schulen eingeladen werde, merke ich immer wieder, dass dieser Punkt gerade für Jungen von großer Bedeutung ist. Mädchen wie Jungen stellen mir hunderterlei Fragen: wie lange man braucht, um ein Buch zu schreiben, wie man dafür recherchiert, warum ich gerade dieses Thema gewählt habe. Ob ich selbst Kinder habe.

Aber früher oder später werde ich jedes Mal auch gefragt, ob man von der Schriftstellerei leben kann. Wie viel man mit so einem Buch verdient. Oder sogar: was für ein Auto ich fahre. Und fast immer sind es Jungen, die diese Fragen stellen.

Ich verstehe sie gut und hätte, als ich in ihrem Alter war, auch gerne mal einem Schriftsteller solche Fragen gestellt. Für mich stand schon mit neun, zehn Jahren definitiv fest, dass ich Bücher schreiben wollte, vor allem Romane. Und alle Männer in meiner Umgebung, denen ich meinen Berufswunsch offenbarte, lachten mich aus: Eine »brotlose Kunst« sei das. Wie der arme Poet auf Spitzwegs Gemälde würde ich enden, wurde mir prophezeit: krank in der ärmlichen Mansarde liegend, den Regenschirm aufgespannt, weil es über dem Bett durch die Decke tropft. Noch nach vierzig Jahren erinnere ich mich an diese entmutigende Prognose, von der ich mich glücklicherweise nicht beeindrucken ließ: Meine geistigen Mentoren waren die Schriftsteller.

Ein erfolgreicher Selbst- und Lebensentwurf muss sich dabei keineswegs zwangsläufig in gesellschaftlichem Ansehen und materiellem Wohlstand niederschlagen – obwohl vor allem gegen Letzteren gewiss nichts einzuwenden ist. Erfolgreich bin ich dann, wenn ich weiß, was genau meine Stärken und Vorlieben sind, wenn ich meine Ziele nach ihnen ausgerichtet und außerdem gelernt habe, wie ich meine Fähigkeiten am besten für diese Ziele einsetzen kann – was immer die Leute um mich herum oder auch der Mainstream der Gesellschaft davon halten. Letztlich ist es diese Botschaft, die die Fördervāter unseren Jungen glaubwürdig vorleben sollen.

»Nur wenn die Nebenväter auch einmal ihre Männlichkeit zur Seite schieben und weichere Seiten zulassen«, sagt Olaf Jantz, »können sie mit den Jungen in Kontakt kommen, Gefühle zeigen und über die Erwartungen sprechen, die an sie gestellt werden.« So bringt ihr Engagement den Männern meist nicht weniger als den Jungen.

Zumindest in den großen Städten ist die traditionelle Kleinfamilie schon heute nur noch eine Variante unter vielen. Mindestens ebenso viele Kinder wachsen in Patchworkfamilien oder bei alleinerziehenden Müttern auf, in Ausnahmefällen auch bei alleinerziehenden Vätern. Auf die Frage, »wie viele Väter« sie hätten, nennen Jungen oftmals drei oder mehr, wie mir Olaf Jantz bestätigte: den derzeitigen Partner der Mutter, ihren Ex oder einen Freund von diesem – nur der biologische Erzeuger kommt in solchen Aufzählungen oftmals gar nicht mehr vor. »Emotional werden die Jungen vielfach schon nicht mehr durch die leiblichen Väter, sondern durch Ersatzväter versorgt«, sagt Jantz. »Und je größer die Vielfalt der Förderväter, desto leichter kann ein Junge sich auch mal einen Rambo zum Vorbild nehmen – auf der anderen Seite des Spektrums seiner Männlichkeitsmodelle gibt es schließlich auch noch Mahatma Gandhi.« Allerdings gelingt es Jungen allenfalls jenseits des Grundschulalters und auch dann eher selten, enge Verbindungen zu Ersatzvätern aufrechtzuerhalten, obwohl deren Beziehung zur Mutter längst wieder in die Brüche gegangen ist – und ohnehin sollte die Förderung durch männliche Modelle und Mentoren möglichst zu einem deutlich früheren Zeitpunkt einsetzen und sehr viel weniger von glücklichen Zufällen abhängig sein.

Sehr viel schwieriger sind die Verhältnisse oftmals, wenn die familiären Verhältnisse durch die Trennung der leiblichen Eltern nicht offener werden, sondern der biologische Vater lediglich durch einen Stief- oder Adoptivvater ersetzt wird. In solchen zusammengepuzzelten Familien haben Kinder oftmals mehr Schwierigkeiten als in »intakten« Familien. Das entspricht auch der Erfahrung des ehemaligen Salem-Leiters Bernhard Bueb, Autor der ebenso viel gelesenen wie gescholtenen Streitschrift »Lob der Disziplin«.[26] »Die Patchworkfamilie dieser Art lebt ja von glücklichen Zufällen«, erklärt Bueb – dass nämlich die Kinder mit der neuen Zusammensetzung, meist mit dem neuen Vater, zurechtkommen. Das aber ist gerade für Jungen aus traditionellen Familien mit präsentem Vater oftmals besonders problematisch: Unglücklicherweise haben sie sich auf ein Vorbild spezialisiert, das über Nacht aus ihrem Alltag verschwunden ist. Loyalitätskonflikte und tiefe Verunsicherung sind die nahezu unvermeidlichen Folgen – zumal nicht selten auch die Mütter, sicherlich meist unbewusst, gerade an ihren Söhnen nun all die Eigenarten bekämpfen, die sie an den Expartner erinnern.

Paul und der Theaterheld

Schon vor Jahren habe ich mir angewöhnt, nach Schullesungen in den Gesprächsrunden auch meinerseits den Schülern Fragen zu stellen. Welche Erwachsenen für sie besonders wichtig seien, frage ich dann öfter – und einmal kam nach der Veranstaltung ein etwa zwölfjähriger Junge namens Paul zu mir und erzählte mir diese Geschichte:

Solange er zurückdenken konnte, wollte er Schauspieler werden. Wie er das anstellen sollte, wusste er allerdings nicht, und seinem Vater, einem Fleischer mit eigener Metzgerei, konnte er mit »solchem Unsinn« auch nicht kommen. Ein Onkel, an den er sich einmal Rat suchend wandte, schenkte ihm einen teppichgroßen Filzplan zum Ausrollen mit aufgemaltem Kasernengelände nebst einer Kollektion Spielzeugpanzer und -soldaten. Der gute Mann war Unteroffizier von Beruf und hatte für seinen Neffen sicher nur das Beste im Sinn, als er ihm empfahl, auf dem Filzplan Krieg zu spielen: Das sei dramatische Kunst für Männer.

Nach der Schule schlich Paul häufig um das Theatergebäude in seiner Stadt herum, beobachtete die Schauspieler, die zu den Proben durch die Tür mit der Aufschrift »Bühneneingang« gingen, und malte sich in den verrücktesten Tagträumen aus, wie man ihn irgendwann entdecken würde.

Eines Tages setzte sich in der Straßenbahn ein junger Mann neben ihn, den Paul schon mehrfach durch den Bühneneingang des Theaters hatte gehen sehen. In einem Anfall von Tollkühnheit sprach Paul ihn an: Er sei doch bestimmt ein Schauspieler, platzte es aus ihm heraus, und er selbst wolle auch so gern einer werden.

Der junge Mann war eine eindrucksvolle Erscheinung, wie Paul ihn mir schilderte: hochgewachsen, breite Schultern, Schnauzbart. Jedenfalls war er die Idealbesetzung für jede klassische Heldenrolle, und dazu passte auch seine tiefe Stimme, mit der er dem Jungen antwortete.

Zurzeit arbeite er nur aushilfsweise als Schauspieler – gerade habe er ein Zweijahresengagement ausgeschlagen. Sein Auto sei kaputt, fuhr er fort, und er könne sich nicht einmal die Reparatur leisten, aber das sei ihm im Moment egal. Er habe nämlich beschlossen, sich durch ein zusätzliches Studium zum Regisseur ausbilden zu lassen: Für dieses Ziel wolle er gern auf das Engagement und auf sein Auto verzichten.

Paul war hingerissen von dem Heldendarsteller, der lernen wollte, selbst Regie zu führen. Sie unterhielten sich angeregt während der ganzen langen Fahrt in die Vorstadt hinaus, und schließlich schlug ihm der junge Mann vor, sich ab und an mit ihm im Theater zu treffen – dort würde er Paul die Bühnentechnik zeigen und ihn bei Proben zusehen lassen.

Der Junge bestürmte daraufhin seine Eltern, ihm den Umgang mit dem Studenten zu erlauben, und zur Ehrenrettung des Metzgers sei gesagt, dass er schließlich seine Einwilligung gab. Mittlerweile hat Paul schon mehrfach als Statist in Jugendstücken mitgewirkt.

Was wir von Fördervätern erwarten dürfen – und was nicht

Förderväter spielen im Leben nicht weniger Jungen schon heute eine bedeutsame Rolle – wie gesagt, oftmals eine wichtigere als die nominellen Väter. Nun aber käme es darauf an, möglichst viele Jungen auf diese Weise zu fördern und ein allgemeines Bewusstsein dafür zu wecken, dass solche Nebenväter für heranwachsende Jungen zu lebenswichtigen Modellen und Mentoren werden können. Nach aller Möglichkeit sollten die Förderväter spätestens im Vorschulalter ihrer Wahlsöhne aktiv werden, wenn sich für jeden einzelnen Jungen entscheidet, ob er seine individuellen Stärken und Talente auf Abrahams Altar opfern muss – oder ob er sie in seine männliche Identität integrieren kann und darf.

Sicherlich wird es in vielen Fällen kaum möglich sein, Kreativprofis wie Schauspieler oder Schriftsteller als Förderväter zu gewinnen – doch auch abseits der großen Städte leben Männer mit künstlerischen Berufen oder ungewöhnlichen Lebensentwürfen, die als Nebenväter für unsere Söhne infrage kommen. Ohnehin ist es sinnvoll, bei der Suche nach geeigneten Mentoren nicht allein auf Glück und private Bekanntenkreise zu vertrauen, sondern Initiativen zu organisieren, die Förderväter vermitteln. Auch deshalb brauchen wir dringend die öffentliche Debatte über zeitgemäße Vaterbilder.

Von ehrenamtlichen Nebenvätern kann man natürlich nicht erhoffen, dass sie auch in den Niederungen des häuslichen und Erziehungsalltags präsent sind. Eher realitätsfremd wäre wohl die Erwartung, dass der freundliche Nachbar dreimal die Woche mit seinem Fördersohn Nachhilfe paukt, wenn es der Mutter an der nötigen Zeit oder Kraft fehlt und der leibliche Erzeuger mal wieder auf Konferenzreise oder sonst wie abhanden gekommen ist. Auch durch die Bitte, den Jungen regelmäßig zum Sportzentrum zu fahren, würde der Nebenvater seinen Idealismus mit Recht etwas überstrapaziert sehen. Die Aufgabe der Förderväter ist es vielmehr, für die Jungen als männliche Modelle und Mentoren präsent zu sein – eine Rolle, die die leiblichen Väter oftmals nicht mehr übernehmen können und die sie allein auch nicht übernehmen sollen.

Selbst wenn ihren Söhnen also Förderväter zur Seite stehen, wird es den Eltern – und in der Praxis noch immer vor allem den Müttern – hierzulande auch künftig einige Mühe bereiten, Kind und Karriere miteinander zu vereinbaren. Dieses Problem lässt sich nicht allein durch Privatinitiative lösen – erforderlich ist vielmehr der möglichst umgehende Aufbau eines flächendeckenden Kinderbetreuungssystems nach neuesten wissenschaftlichen Standards. Um diese herausfordernde Aufgabe ebenso wie um Mängel und Fehlentwicklungen in den bestehenden Erziehungs- und Bildungseinrichtungen soll es im folgenden Kapitel gehen.

III.
Allein unter Müttern – Jungen in Krippen, Kindergärten und Schulen

Die Resultate der Wissenschaftler sind eindeutig: Jungen werden von unserem Betreuungs-, Erziehungs- und Bildungssystem benachteiligt. Bei gleicher Leistung erhalten sie schlechtere Noten als Mädchen, und bereits im Kindergarten bekommen sie weniger Zuwendung und Förderung als ihre Altersgenossinnen.

Warum ist das so? Wohl kaum jemand wird dem – überwiegend weiblichen – Betreuungs- und Lehrpersonal in Krippen, Kindergärten und Schulen unterstellen, dass es die Mädchen absichtlich bevorzugt. In ihrer empirischen Studie über »Jungen im Vorschulalter« kommt die Sozialpädagogin Margarete Blank-Mathieu gleichwohl zu beunruhigenden Resultaten: »Der Einschätzung von Erzieherinnen nach gebärden sich Jungen insgesamt verhaltensauffälliger als Mädchen.« Die Betreuerinnen überließen die Jungen daher häufig sich selbst, »solange sie den Kindergartenalltag nicht stören und in ihren Jungengruppen, oft im Nebenraum spielen«[1]: Das Schlagwort von der »Parallelgesellschaft« gewinnt hier eine ganz neue Bedeutung.

Auch die Lehrkräfte an unseren Schulen stehen Leistungen und Verhalten von Jungen und Mädchen offenkundig nicht neutral gegenüber. So kommt eine Studie des Bundesministeriums für Bildung und Forschung im Dezember 2007 zu vernichtenden Ergebnissen: »Jungen erhalten nicht nur generell seltener eine Gymnasiumsempfehlung, auch bei gleichen Noten werden sie seltener von den Lehrkräften für gymnasialgeeignet angesehen als die Mädchen.« Und: »In allen Fächern erhalten Jungen auch bei gleichen Kompetenzen schlechtere Noten.«[2]

Einige Konsequenzen – nicht nur, aber auch – dieser Ungleichbehandlung:

- Von 1970 bis 2001 ist der Anteil männlicher Schüler an den Gymnasien von 56 auf 46 Prozent abgestürzt.
- Umgekehrt stieg die Quote männlicher Hauptschüler im gleichen Zeitraum von 51 auf 56 Prozent.[3]
- 60 Prozent der Sitzenbleiber und 65 Prozent der Schulabbrecher sind männlich.[4]
- Die Arbeitslosenquote der männlichen Jugendlichen lag 2003 in Deutschland bei 12,3 Prozent, die der weiblichen bei 8,6 Prozent[5]: Zirka 43 Prozent mehr männliche als weibliche Jugendliche waren also von Erwerbslosigkeit betroffen.

Gleichwohl behauptete Bundeskanzlerin Angela Merkel noch im Jahr 2007, dass das bessere Abschneiden der Mädchen an den Schulen mit Ungleichbehandlung der Jungen nicht zu erklären sei: »Tatsächlich ist Gleichberechtigung an den Schulen Realität, weshalb Mädchen aufgrund ihres Entwicklungsvorsprungs, größeren Fleißes und höherer Lernmotivation im Vorteil sind.«[6]

Diese Aussage ist nachweislich falsch: An unseren Schulen und bereits in den Kindergärten ist nicht Gleichberechtigung der Geschlechter, sondern die Benachteilung der Jungen gelebte Realität. Offen ist dagegen, welche Systemfehler zu dieser zweifellos ungewollten Diskriminierung der männlichen Schüler und Kindergartenkinder führen – und wie man sie möglichst rasch beheben kann.

Die Aktivisten hiesiger »Männerbewegungen« sehen das allerdings ganz anders. Für sie ist die Benachteiligung der Jungen das Ergebnis einer groß angelegten Verschwörung. MANNdat e.V. beispielsweise, die »Geschlechtspolitische Initiative«, die sich durch Untersuchungen zur Lage von Jungen und Männern durchaus Verdienste erworben hat, verbreitet immer öfter obskure Komplotttheorien: »Die Jungenkrise ist weder überraschend noch ungewollt, sondern politisches Kalkül.«[7] Nach ihrer Ansicht haben Feministinnen seit den Siebzigerjahren die Deutungshoheit in Bildungs- und Erziehungsfragen an sich gerissen und die bildungspolitischen Schlüsselpositionen besetzt. Unter dem Deckmäntelchen der Gleichbehandlung von Jungen und Mädchen würden diese seither systematisch und absichtlich bevorzugt.

Um jedem Missverständnis vorzubeugen: Ich bin nicht der Ansicht, dass die Schlechterstellung der Jungen in unseren Kindergärten oder Schulen auf finsterem Kalkül feministischer Männerhasser/innen beruht. Ebenso wenig stimme ich mit dem vorgestrigen Jungen- und Männerbild der sogenannten »Maskulinisten« überein: Der bereits erwähnte Psychologe Allan Guggenbühl etwa behauptet, dass Jungen »von Natur aus« Hierarchien und Befehle der gleichberechtigten Diskussion und Entscheidungsfindung vorzögen[8] – und redet so einer Kommandopädagogik das Wort, die sich mit Militärdiktaturen eher als mit demokratischen Gesellschaften verträgt.

Auf dem boomenden Markt der Jungenpädagogik gehen auch die Fürsprecher der sogenannten »mythisch-irrationalistischen Jungenerziehung« mit fragwürdigen Patentrezepten hausieren. Nach ihrer Ansicht sind »die männlichen Werte« seit jeher durch die »Archetypen des Beschützers, Ernährers und Erzeugers« festgelegt. Durch Initiationsrituale, deren Symbolik er aus Mythen und Märchen zusammengebraut hat, will beispielsweise Götz Haindorff von der »Forschungsgruppe Jungenarbeit Göttingen« heutigen Jungen helfen, sich zu »richtigen Männern« zu entwickeln.[9]

Die reaktionäre Abscheulichkeit solcher Männerbilder wird allenfalls durch ihre Realitätsferne übertroffen: Für Jungen und männliche Jugendliche, die mit den Anforderungen in der Schule oder auf dem Arbeitsmarkt nicht zurechtkommen, sind Ritterspiele bei Fackelschein offenkundig wenig hilfreich. Denn in Konflikt mit Normen und Erwartungen von Schule und Gesellschaft sind sie ja gerade dadurch geraten, dass die abrahamitischen Männlichkeitsklischees ihre individuelle Persönlichkeit wie mit einer Ritterrüstung umschließen. Mit dem falschen Trost, ein solcher Panzer sei der vornehmste Schmuck des wahren Mannes, locken »mythopoetische« Rattenfänger sie nur noch tiefer in die Falle erstickend enger »männlicher Identität«.

Gleichwohl ist nicht alles Unfug, was die selbst ernannten »wilden Männer« der heutigen Pädagogik ankreiden. Wenn Vertrauenslehrer und Sozialarbeiter in den Schulen empfehlen, Aggressionen und Konflikte bei Heranwachsenden durch Entspannungsmassage und konsensorientierte Debatten im Kissenraum zu begegnen, dann dürften sich in der Tat eher Mädchen angesprochen fühlen – Jungen ziehen Raufereien und wettkampforientierte Bewegungsspiele zum Spannungsabbau wie zur Konfliktlösung oftmals vor.

Dass Jungen und Mädchen ab dem Vorschulalter geschlechtstypische Vorlieben und Interessen haben, die sich teilweise deutlich voneinander unterscheiden, lässt sich kaum ernsthaft bestreiten – auch wenn es zweifellos viele Jungen gibt, die Konflikte lieber verbal als körperlich austragen, und ebenso viele Mädchen, die sportliche Wettkämpfe dem einfühlsamen Gespräch unter Freundinnen vorziehen. Welche Folgerungen sollten wir aber für unsere Schulen und Erziehungseinrichtungen aus diesen prinzipiellen Unterschieden ziehen?

Für die »mythopoetischen Irrationalisten« ist die Sache klar: Ein Junge hat »triebbedingt« beispielsweise an Musikinstrumenten kein Interesse – »es sei denn, er benutzt Flöten als Waffe«.[10] Will wohl sagen: Jungen und Mädchen sollten grundsätzlich getrennt unterrichtet werden, mit unterschiedlichen Methoden und unterschiedlichen Lehrinhalten – und natürlich ausschließlich von Lehrkräften des eigenen Geschlechts.

Die sogenannte »antisexistische Pädagogik« dagegen, deren Thesen die heutzutage in Kindergärten und Schulen praktizierten Lehr- und Erziehungsmethoden stark beeinflusst haben, geht von genau entgegengesetzten Annahmen aus: Vorlieben und Lernstile von Jungen und Mädchen sind ursprünglich mehr oder minder gleich. Unterschiede entstehen allein durch geschlechtsstereotype Einstellungen und Verhaltensweisen, die vor allem die Jungen von früher Kindheit an einüben. Wenn nun die

Lehrer und Erzieher solche Verhaltensweisen bei Kindern im Vorschul- und Schulalter unterbinden beziehungsweise »nicht-sexistisches« Verhalten fördern, so verschwinden auch die geschlechtsbezogenen Unterschiede. Jungen und Mädchen legen dann gleichermaßen die Attribute und Verhaltensweisen an den Tag, die von unserem Erziehungs- und Bildungssystem tatsächlich gefordert und belohnt werden: Teamorientierung, Sozialkompetenz, Empathie, Konsensfähigkeit ... Das allerdings sind just die Einstellungen und Eigenschaften, die traditionell als weiblich gelten und bei den Mädchen in unserer Kultur von Kind auf gefördert werden.

Wenn Lehrer und Erzieher die Jungen für herkömmlich männliche Verhaltensweisen bestrafen – etwa aggressives oder prahlerisches Auftreten –, dann geschieht dies nach antisexistischer Theorie zu deren eigenem Besten: Das stereotype Männlichkeitsbild hindert sie, ihre individuelle Persönlichkeit mit all ihren Gaben und Stärken zu entfalten. Klar ist also, dass von den Jungen in der Schule im Allgemeinen eine größere Anpassungsleistung erwartet wird als von den Mädchen: Was sie in ihren ersten Lebensjahren an Männlichkeitsklischees eingeübt haben – nicht selten unter dem Einfluss ihrer biologischen Väter –, das sollen sie sich nun möglichst wieder abgewöhnen.

Gegen diese pädagogische Zielsetzung ist nach meiner Ansicht grundsätzlich wenig einzuwenden: Anders als die »irrationalistischen« Maskulinisten halte ich »Ernährer« oder »Beschützer« keineswegs für biologisch verankerte »männliche Archetypen«, sondern für vererbte Heldenklischees aus der jahrtausendealten abrahamitischen Tradition. Allerdings zeigen die mehr als ernüchternden Ergebnisse der letzten Jahrzehnte, dass die Methoden der antisexistischen Pädagogik offenkundig nicht funktionieren: Anstatt die Jungen zu einfühlsamer Beredsamkeit, motiviertem Lernen und solidarischer Teamorientierung zu erziehen, haben sie eine Generation von Jungen und jungen Männern hervorgebracht, die maskuline Klischees teilweise exzessiv auslebt – und zugleich eine Generation von Schulabbrechern mit Aufmerksamkeitsdefizit-Syndrom, mit psychischen Störungen und einer Suizidrate, die dreimal höher als bei den gleichaltrigen Mädchen und jungen Frauen ist. Nicht zuletzt gegen die gut gemeinten Umerziehungsversuche in Kindergarten und Schule wappnen sich die Jungen mit starren Männlichkeitsstereotypen – und hinter der coolen Fassade wirken sich die verleugneten seelischen Nöte umso zerstörerischer aus.

Mit anderen Worten: Im Verlauf der letzten zweihundert Jahre mussten die Familienväter einen großen Teil ihrer einstigen Aufgaben und Rechte an das öffentliche Erziehungs- und Bildungssystem abtreten – dessen Planer und Praktiker aber haben als Erzieher unserer Söhne im Großen und Ganzen nicht weniger als wir selbst, die Vätergeneration, versagt.

Fördern statt verwahren: Krippenplätze für alle

Die Initiative der Bundesfamilienministerin für einen bundesweiten Ausbau des Kinderkrippensystems war zweifellos ein überfälliger Schritt in die richtige Richtung: Wie die Autoren der aktuellen DJI-Kinderbetreuungsstudie schätzen, suchen 37 Prozent der Eltern hierzulande nach einem Krippenplatz für ihren dreijährigen Nachwuchs. Die Zahl derer, die ihre Kinder unbedingt und so früh wie möglich durch professionelles, gut ausgebildetes Erziehungspersonal betreuen, fördern und unterrichten lassen *sollten*, ist indessen noch weit höher: Rund ein Drittel aller Kinder unter sechs Jahren stammt bereits heute aus einer Familie mit Migrationshintergrund. Meist besuchen sie erst ab dem vierten oder fünften Lebensjahr einen Kindergarten – viel zu spät, um Defizite bei ihren Kenntnissen der deutschen Sprache, aber auch der hiesigen kulturellen Gepflogenheiten wettzumachen. So sind sie in der Schule oftmals vom Start weg benachteiligt.

Auch Kinder aus sozial schwachen Familien mit deutschem Hintergrund besuchen überwiegend erst in den letzten Jahren vor Schulbeginn eine Kindertageseinrichtung – dabei wachsen auch sie oft in einem Umfeld auf, das ihnen keine angemessenen Entwicklungs- und Lernmöglichkeiten bietet. Doch besser gestellte Familien sind gleichfalls nur selten imstande, ihre Kinder von früh auf so zu fördern, wie es nach wissenschaftlichen Erkenntnissen nötig und möglich wäre. Die Väter sind kaum präsent, aber auch ihr häusliches Engagement hat keineswegs nur glückliche Auswirkungen auf das Gedeihen gerade ihrer Söhne. Währenddessen stehen die Mütter wie eh und je vor der Wahl, auf Berufstätigkeit zu verzichten oder ihre Zeit und Kraft zwischen Erwerbsarbeit und Kindern aufzuteilen. Die Ergebnisse sind bekannt: Zum einen ein notorisch schlechtes Gewissen bei den vermeintlichen »Rabenmüttern«, denen aufgrund der Doppelbelastung meist allenfalls eine mittelmäßige Karriere gelingt. Zum anderen eine improvisierte Betreuung und Förderung der Kinder, die je nach Zeit und Angebot zusammengestückelt und in jedem Fall unzureichend ist, wie sehr sich die Mütter und andere Betreuungspersonen auch abrackern.

Der Not gehorchend überlassen wir unsere Kinder oftmals Amateur-Betreuerinnen, während die »prägungssensiblen«, für die Kindesentwicklung entscheidenden ersten Jahre und die meisten Förderchancen ungenutzt bleiben. In aller Regel werden die Kleinen zumindest bis zu ihrem vierten Lebensjahr mehr verwahrt als spielerisch gefördert und in ihrer Entwicklung angeregt und ermutigt. Wenn es gut geht, bleiben größere Schädigungen aus, doch auch in diesem Punkt sollten wir uns keinen Illusionen hingeben: Vor allem bei der Früherziehung der Söhne ist, wenn sie mit vier oder fünf Jahren in den Kindergarten kommen, meist schon so großer Schaden angerichtet worden, dass ihre Betreuer/-innen über optimale kinderpsychologische und heilpädagogische Kenntnisse und Fertigkeiten verfügen müssten, um zumindest die ärgsten Beeinträchtigungen zu beheben.

Warum vertrauen wir unsere Kinder selbst noch im Kindergartenalter Erzieherinnen an, deren Qualifikation in anderen Ländern lediglich zum Babysitten berechtigen würde? Hierzulande durchlaufen Erzieherinnen meist eine drei- oder vierjährige Ausbildung an sozialpädagogischen Fachschulen – ihre Kolleg/-innen in Skandinavien oder Frankreich dagegen absolvieren ein anspruchsvolles akademisches Studium mit engem Praxisbezug.

Nirgendwo in Europa ist die Ausbildung der Erzieher/-innen formal auf so niedrigem Niveau wie in Deutschland und Österreich – zu diesem Ergebnis kommt eine vergleichende Studie mit dem Titel »Kinderbetreuung in Europa« aus dem Jahr 1997.[11] Obwohl in den letzten Jahren in etlichen Bundesländern neue Aus- und Fortbildungskonzepte für Erzieher/innen entwickelt wurden und mittlerweile auch einige wenige Universitäten akademische Ausbildungsgänge anbieten, hat sich im Grundsatz wenig geändert: Erzieher/-innen besitzen in Deutschland so gut wie keine entwicklungswissenschaftlichen oder kinderpsychologischen Kenntnisse und sind weitaus schlechter als Grundschullehrer/-innen für ihr Arbeitsgebiet qualifiziert. Über die neueren Konzepte der Kleinkinddidaktik werden sie während ihrer Ausbildung so wenig aufgeklärt wie über die aktuellen Erkenntnisse der Hirnforschung. So vermögen sie meist weder Kinder mit Migrationshintergrund, Hoch- oder Spezialbegabung noch die kreativen Fähigkeiten ihrer Schützlinge angemessen zu fördern.[12] Nach dem Urteil von Wissenschaftlern geht das schlechte Abschneiden deutscher Schüler bei den Iglu- und PISA-Tests zu einem guten Teil auf die miserable Qualifikation der Kindergärtner/-innen zurück.

Überdies müssen in deutschen Krippen und Kindergärten viel zu wenige Erzieherinnen viel zu viele Kinder betreuen: Der Personalschlüssel beträgt in den Krippen vieler Bundesländer 1:6 oder gar 1:8 – unter diesen Voraussetzungen aber können auch gut ausgebildete und hochmotivierte Betreuerinnen ihre Schützlinge kaum mehr individuell fördern. Dennoch hält die jüngste Untersuchung der Bertelsmann-Stiftung eine überraschende Pointe bereit: Trotz des unverantwortlichen Personalschlüssels und der unzulänglichen Ausbildung der Erzieherinnen gelingt 50 Prozent der Kinder, die hierzulande in Krippen betreut wurden, später der Übertritt von der Grundschule ins Gymnasium – gegenüber nur gut einem Drittel ihrer Altersgenossen, die allein in ihren Familien aufgewachsen sind.[13]

Zweifellos wäre der Entwicklungs- und Wissensvorsprung von Krippenkindern noch weitaus größer, wenn die Einrichtungen über deutlich mehr und besser qualifiziertes Personal verfügten. Doch was die Betreuung und Förderung der Kleinen im Krippen- wie im Kindergartenalter angeht, ist Deutschland im Spätmittelalter steckengeblieben. Andere Länder machen uns seit Langem vor, wie sich ein professionelles Kinderbetreuungssystem organisieren lässt – ab dem ersten Lebensjahr oder noch davor und in vielfältiger Hinsicht zum Vorteil der Jungen und Mädchen.

Warum sollte es für unsere Sprösslinge besser sein, in der heimischen Wohnung aufzuwachsen, mit der gestressten Mutter als oftmals einzigem Spielgefährten? In einer Kindertageseinrichtung mit hochqualifiziertem Erziehungs- und Lehrpersonal würden sie stattdessen in einer gemischten Kleingruppe von Gleichaltrigen betreut und angeleitet – von Profis, die genau wissen, welche Spiele für ihre Entwicklung am förderlichsten sind, welche Verhaltensweisen und Fertigkeiten in welcher Phase am besten eingeübt werden sollten.

Und wer soll das alles bezahlen? Das ist die falsche Frage. Unsere rapide alternde Gesellschaft kann es sich schlichtweg nicht länger leisten, ihren immer spärlicher werdenden Nachwuchs unzulänglich zu fördern. Die Rechnung ist im Grunde sehr einfach: Die Jungen und Mädchen, denen wir heute eine angemessene Entwicklung, Bildung und Ausbildung ermöglichen, helfen morgen durch ihre Arbeit den Wohlstand zu mehren und tragen durch ihr soziales und kulturelles Engagement zu einem friedlichen und fruchtbaren Zusammenleben bei. Und diejenigen, denen wir diesen Weg versperren, werden später in irgendeiner Weise zur Bürde für unsere Gesellschaft: Arbeitslosigkeit, Kriminalität, Drogensucht, psychische und psychosomatische Erkrankungen sind keine unergründlichen Schicksalsschläge. Vielmehr sind es voraussehbare Folgen falscher Weichenstellung, verpasster oder versperrter Entwicklungschancen in Kindheit und Jugend.

In ihrem ureigenen Interesse müssen deutsche Unternehmen ebenfalls ihren Beitrag leisten, damit auch künftig genug gut ausgebildete Arbeitskräfte auf dem nationalen Arbeitsmarkt zur Verfügung stehen. Heute schon unterhalten manche Firmen eigene Betriebskindergärten. Doch noch immer haben zu wenige Manager in den Führungsetagen verstanden, dass sie im Wettbewerb um Arbeitskräfte punkten und ihre Wiedereingliederungskosten senken können, wenn sie vor allem ihren jüngeren weiblichen Angestellten attraktive Kinderbetreuungsplätze anbieten. Auch die verstärkte Einrichtung von Unternehmens-Kitas ist also überfällig – und der Aufwand rechnet sich, selbst wenn die Firma 70 Prozent der Betriebskosten trägt.

Nach verschiedenen Langzeitstudien zahlen sich vor allem Investitionen in die Frühförderung von Kindern auch volkswirtschaftlich aus – laut der »High/Scope Perry Preschool Study« sogar mit siebzehnfacher Rendite.[14] Anders gesagt: Ein Staat, der bei der Bereitstellung von Kinderkrippenplätzen mit hochqualifiziertem Personal knausert, halst sich damit um ein Vielfaches höhere Reparaturkosten auf. Und Eltern, die ihrem Nachwuchs den Besuch einer Vorschule auf skandinavischem oder französischem Niveau ermöglichen, helfen ihren Söhnen oder Töchtern nachweislich, die spätere Wiederholung von Schuljahren zu vermeiden.[15]

Das alles kostet viel Geld, kein Zweifel – zumal die schönste Qualifizierungsoffensive ins Leere läuft, wenn nicht zugleich die Einkommen der Erzieher/-innen und Vorschullehrer/-innen deutlich steigen: Kaum jemand wird bereit sein, sich einer aufwendigeren Ausbildung zu unterziehen, wenn die Bezahlung so miserabel bleibt wie heute – die einkommensbewussteren männlichen Studenten schon gar nicht. Aber kostspieliger als rechtzeitige Förderung sind nicht nur nachträgliche Reparaturversuche – auch eine Mutter, die nicht arbeiten gehen kann, weil sie keinen Krippenplatz für ihr Kind findet, kommt den Staat teurer als eine berufstätige Frau, die Lohnsteuern zahlt und durch ihre Kaufkraft hilft, den Konsum in Schwung zu halten.

Der Besuch von Kinderkrippen, Kindergärten und Vorschulen muss für Jungen und Mädchen aus sozial schwachen Familien *kostenlos* sein. Gegenwärtig werden Familien aus den unteren Einkommensgruppen prozentual stärker durch Kindergartenkosten belastet als besser gestellte Familien[16] – Unterschichtseltern handeln also keineswegs nur aus Egoismus oder Borniertheit, wenn sie ihre Kinder nicht oder so spät wie möglich in den Kindergarten schicken.

Überdies sollte der Besuch der Kindertageseinrichtungen für alle Kinder hierzulande – spätestens ab dem dritten, besser schon ab dem zweiten Lebensjahr – *obligatorisch* sein. Nachdem im 19. Jahrhundert die allgemeinen Schulpflicht etabliert wurde, ist es jetzt im 21. Jahhundert allerhöchste Zeit, eine Vorschulpflicht einzuführen. Denn zur vorschulischen Erziehung und Förderung ihrer Kinder sind Eltern ohne eine aufwendige Ausbildung im Allgemeinen ebenso wenig qualifiziert und imstande wie zur Vermittlung des schulischen Wissens. Woher auch?

Von anderen lernen: Vorschul-Kinderbetreuung in Finnland, Schweden und Frankreich

Knapp 90 Prozent aller zweijährigen Kinder werden in Schweden in der »Dagis«, der Kindertagesstätte, professionell betreut.[17] Ähnlich sieht es in Finnland aus: Skandinavien – eine Region der Rabeneltern? In Deutschland dagegen verbleiben 90 Prozent der Kinder bis drei Jahre innerhalb der Familien: Zeichen von Mutterliebe – oder von Rückständigkeit?

Klar ist: Von einer größeren Zahl an Krippenplätzen allein darf man keine Wunder erwarten. Auf die Qualifikation und Motivation des Betreuungspersonals kommt es an – beides ließe sich durch bessere Bezahlung, Arbeitsbedingungen und Sozialprestige maßgeblich beeinflussen. Ebenso entscheidend sind das zahlenmäßige Verhältnis zwischen Betreuern und Betreuten, die jeweilige Quote männlicher und weiblicher Erzieher und die pädagogischen Konzepte.

So ist auch etwa im Bildungs- und Integrations-Musterland Schweden keineswegs alles makellos: Dort schneiden die Mädchen in den Schulen gleichfalls besser ab als die Jungen, was jedoch vom Schwedischen Institut als Erfolg vermeldet wird[18] – statt als Alarmzeichen für eine Bildungspolitik, die mittlerweile in vielen europäischen Ländern zur Benachteiligung der Jungen führt. In Schweden ist der Anteil männlicher Erzieher in den Kindertagesstätten mit rund fünf Prozent zwar dreimal so hoch wie bei uns, aber gleichwohl noch immer viel zu niedrig.[19]

Doch sowenig wir männliche »Vorbilder« brauchen, denen die Söhne in blinder Verehrung nacheifern sollen, sowenig geht es mir hier um die bloße Nachahmung ausländischer Konzepte. Vielmehr sollten wir uns in den europäischen Nachbarländern umschauen – und diejenigen Komponenten ihrer Förder- und Bildungsmodelle adaptieren, die zukunftsweisend und für die deutschen Verhältnisse brauchbar sind. Dazu gehören:

- *Rechtsanspruch:* In Deutschland haben Kinder erst ab drei Jahren einen juristischen Anspruch auf einen Kindergartenplatz – in Finnland wird den Kleinen bereits ab ihrer Geburt die professionelle Betreuung durch qualifiziertes Personal garantiert, in Schweden ab dem ersten Lebensjahr. Zumindest der schwedische Standard muss auch in Deutschland schnellstmöglich umgesetzt werden.

- *Ganztägige Betreuung:* Kindertagesstätten sind in Finnland mindestens zehn Stunden täglich geöffnet, in Schweden sogar 11,5 Stunden, auch während der Schulferien. In Deutschland dagegen gilt bereits eine tägliche sechsstündige Betreuung als »Ganztagesplatz«.[20] Auch bei uns müssen Kindertagesstätten künftig mindestens zehn Stunden an allen Werktagen geöffnet sein, damit beide Elternteile ebenso wie alleinerziehende Mütter Vollzeitberufe ausüben können.

- *Qualifikation des Betreuungspersonals:* Die Erzieher/-innen in finnischen und schwedischen Kindertagesstätten haben ein dreijähriges Hochschulstudium mit starker Praxisorientierung absolviert – in Deutschland genügen Realschulabschluss und die Ausbildung an einer Fachschule. Schwedisches Kindergartenpersonal verfügt weitestgehend über die gleiche Qualifikation wie Primarschullehrer/-innen – zur Ausbildung gehören die Schulung in Pädagogik, Entwicklungspsychologie, Familiensoziologie und der Förderung kreativer Fähigkeiten. Ähnlich sieht es in Frankreich aus: Die Fachkräfte in den Kindertageseinrichtungen müssen ein praxisnahes Hochschulstudium hinter sich bringen, das der Ausbildung von Lehrern für den Vorschul- und Primarbereich entspricht. Vergleichbare Ausbildungsstandards müssen auch bei uns schnellstmöglich umgesetzt werden – in einigen Bundesländern gibt es dazu bereits vielversprechende Ansätze.

- *Betreuungsschlüssel:* In Finnland kommen auf eine/-n Erzieher/-in vier Kinder unter drei Jahren beziehungsweise sieben Kinder im Alter von drei bis sieben. Ähnlich günstig ist das Verhältnis in Schweden: Drei Fachkräfte kümmern sich um 15 Kinder unter drei oder maximal 20 Jungen und Mädchen zwischen drei und sechs Jahren. In Deutschland dagegen müssen, statistisch gesehen, zehn bis 12,5 Kinder zwischen drei und sechs Jahren mit einer einzigen Erzieherin vorliebnehmen. Auch hier müssen wir schleunigst das skandinavische Niveau erreichen.

- *Vorschul-Bildungsplan:* Bereits seit 1998 gibt es in Schweden eigene Lehrpläne für Vorschulkinder. Auf spielerische Weise werden Wissen und Fertigkeiten ebenso wie gesellschaftliche Werte vermittelt: Toleranz, Fürsorglichkeit, Solidarität und Gleichberechtigung der Geschlechter. Die Vorschulerzieher koordinieren ihr Unterrichtsprogramm mit den Lehrplänen der Primarschule, zu der die Kinder in Schweden mit dem siebten Lebensjahr überwechseln. In Schweden leben ebenso wie in Deutschland zahlreiche Familien, deren Wurzeln in anderen Kulturen liegen: Bei der Vorschulerziehung wird nicht nur Wert darauf gelegt, dass sich diese Jungen und Mädchen mit Migrationshintergrund in die schwedische Kultur integrieren – falls erforderlich, erhalten sie in der Vorschule überdies Unterricht in ihrer eigenen Muttersprache. Das fördert die Akzeptanz der Vorschulen bei den Migrantenfamilien und zugleich das Sprachvermögen der Kinder. Stärker noch als in Skandinavien hat die Vorschule in Frankreich bereits schulischen Charakter: Im letzten Jahr der »Ecole maternelle« lernen die Kinder Lesen, Schreiben und Rechnen. Das schwedische Modell hilft ebenso wie das französische zu vermeiden, was in Deutschland teilweise eher die Regel als die Ausnahme ist: dass Kinder mit bestimmten Migrationshintergründen bei Schuleintritt weder die deutsche noch ihre Herkunftssprache altersgerecht beherrschen und in keiner der beiden Kulturen zu Hause sind. Wie hoch der Bedarf an zweigleisiger Sprachförderung im Vorschulalter ist, zeigt die schwedische Statistik: 15 Prozent der Kinder mit Migrationshintergrund werden zusätzlich in ihrer Muttersprache unterrichtet.

Das schwedische Modell beweist im Übrigen, dass ein starker Einfluss der Betreuungseinrichtungen von den Eltern nicht als Bevormundung empfunden werden muss. In schwedischen Kindergärten und Vorschulen finden regelmäßige Elternabende statt. Die Erzieher/-innen sind mit den Eltern kontinuierlich im Gespräch über die Entwicklung ihrer Kinder, über mögliche Fehlentwicklungen und geeignete Fördermaßnahmen. So bleiben Mütter und Väter an der Erziehung ihrer Kinder beteiligt, auch wenn diese sehr viel mehr Zeit außer Haus als im Schoß der Familie verbringen. Doch zugleich nimmt der Staat durch seine Erzieher/-innen auch beständig Einfluss auf die Eltern und deren Erziehungspraktiken.

Was wir von Schweden oder Finnland jedoch nicht übernehmen können, sondern selbst entwickeln müssen, das sind spezielle Fördermaßnahmen für unsere Jungen.

Deutsche Kindergärten heute: Jungen im Nebenraum

Bereits 1993 wies die Sozialwissenschaftlerin Sigrid Metz-Göckel auf einen Sachverhalt hin, der die düstersten Befürchtungen der »Maskulinisten« zu bestätigen scheint: Eine empirische Untersuchung des Verhaltens von Erzieherinnen in Kindergärten ergab, dass diese »bei beiden Geschlechtern ganz vorwiegend weibliche Aktivitäten verstärkten. Die Jungen wurden also bei Verhaltensweisen bekräftigt, die vor allem von Mädchen gezeigt werden.« Das Ergebnis dieser didaktischen Bemühungen fiel allerdings ernüchternd aus: Die Jungen ignorierten jeden Versuch, sie zu »weiblichen Tätigkeiten umzuorientieren«. Daraufhin suchten die Forscher nach einer Erklärung für diesen Fehlschlag – und fanden heraus, dass die »Verstärkerwirkung« von Erziehern des gleichen Geschlechts etwa um das Sechsfache größer ist als die von gegengeschlechtlichen Betreuern.[21]

Was immer man von diesem Zahlenwert halten mag – das Resultat an sich kann kaum überraschen. Aus der Entwicklungsforschung wissen wir, dass Jungen wie Mädchen im Vorschulalter verstärkt geschlechtstypisches Verhalten einüben – Jungen versuchen sich also gerade in dieser Phase Vorlieben und Verhaltensweisen abzutrainieren, die sie als weiblich oder mädchenhaft ansehen. Den Müttern zu Hause und den Nebenmüttern im Kindergarten kommt in dieser Zeit eher eine negative Vorbildfunktion zu: Alle Tätigkeiten und Eigenschaften, die sie selbst an den Tag legen und von den Jungen einfordern, gilt es eben deshalb peinlichst zu vermeiden.

Profi-Fördervāter verzweifelt gesucht

Die Schlussfolgerung aus solchen Forschungsbefunden ist zwingend: In unseren Kindergärten brauchen wir ebenso viele männliche wie weibliche Erzieher, denn Kindergärtner könnten die Jungen um ein Vielfaches effektiver in erwünschten Eigenschaften und Verhaltensweisen bestärken als ihre weiblichen Kolleginnen.

Jeder junge Mann, der in einem Kindergarten seinen Zivildienst abgeleistet hat, und jeder Hausmeister, der herbeigerufen wird, um einen zerbrochenen Tisch oder einen tropfenden Wasserhahn zu reparieren, kann von Erlebnissen dieser Art berichten: Die Jungen stürzen sich wie Verhungernde auf den unvermutet aufgetauchten Erwachsenen ihres Geschlechts. Sie versuchen ihm durch möglichst derbe Ausdrücke, haarsträubende Mut- und Geschicklichkeitsproben ihre Männlichkeit zu demonstrieren – und reagieren tief enttäuscht, wenn die vermeintliche Lichtgestalt bald darauf wieder verschwindet.

Man kann solche schon verzweifelten Versuche, von einem männlichen Erwachsenen Zuwendung und Orientierungshilfe zu erhalten, durchaus als »Hunger nach dem

Vater« deuten, wie dies bei den »mythopoetischen« Jungenarbeitern üblich ist.[22] Nur wollen die Maskulinisten jeglicher Couleur diesen Hunger mit Steinzeit-Nahrung stillen, wenn sie empfehlen, die Jungen in angeblich archetypisch männlichen Selbstbildern und Verhaltensweisen zu bestärken.

Um die Persönlichkeitsentwicklung der Jungen im Vorschulalter fördern zu können, müssten zumindest einige Erzieher in den Kindergärten männlichen Geschlechts sein – doch das allein genügt keineswegs. Vor allem nämlich müssten sie glaubwürdige Modelle für moderne, nicht rückwärtsgewandte, nicht auf Heldenklischees verengte männliche Identitätskonzepte sein – Männer also, die mit den Jungen gewiss auch wilde Bewegungsspiele und sportliche Wettkämpfe bestreiten, die ihnen aber ebenso nachdrücklich vorleben, dass es nicht weniger männlich ist, zu malen, ein Musikinstrument zu spielen, sanfteren Seiten Ausdruck zu verleihen. Und die ihnen vor allem in ihrem Alltag, als Ansprechpartner für kleine und größere Probleme, als beobachtbare Modelle für »männliches« Verhalten in Tausend verschiedenen Lebenslagen, zur Verfügung stehen.

Deshalb brauchen wir:

- *Mehr qualifizierte männliche Erzieher* – zu ihrer Ausbildung muss zwingend eine psychologisch begleitete Aufarbeitung der eigenen Kindheitserziehung und Persönlichkeitsentwicklung gehören, damit eine steigende Männerquote unsere Kitas nicht zu abrahamitischen Altarstätten macht, sondern im Gegenteil Isaaks Nachfahren endlich aus ihrer Opferrolle zu befreien hilft;

- *mehr Förderung von Jungenstärken und -interessen:* Gerade in ihrer Begeisterung für Technik und Konstruktion sind die Jungen in der heutigen »Mütterwelt« der Kindergärten zu sehr auf sich allein gestellt oder auf die Gleichaltrigengruppe angewiesen. Männliche Erzieher müssten sich auch auf solchen ganz praktischen Gebieten als Mentoren der Jungen (ebenso wie der Mädchen) engagieren.

Männliche Erzieher, die solche »maskulinen« Stärken und Interessen der Jungen teilen und aktiv fördern, werden von diesen dann auch als Modelle für scheinbar unmännliche Eigenschaften und Vorlieben akzeptiert. Gerade im Vorschulalter sind die Jungen für vorgelebte männliche Beispiele besonders empfänglich – Erzieher könnten dort durch ihre schiere Gegenwart pädagogische Wunder wirken.

Damit die Persönlichkeitsentwicklung bei den Jungen im Kindergartenalter mit gleicher Effizienz und Stärke gefördert wird wie bei den Mädchen, ist es unter anderem dringend erforderlich, den Anteil der männlichen Erzieher auf wenigstens ein Drittel, mittelfristig aber auf die Hälfte des Betreuungspersonals zu erhöhen. Derzeit sind es lediglich 4,1 Prozent[23], die wohl auch noch überwiegend Leitungs- und Verwaltungsaufgaben wahrnehmen.

Weil erwachsene Mentoren des eigenen Geschlechts in unseren Kindergärten praktisch nicht vorhanden sind, rotten sich die Jungen zu Gleichaltrigengruppen zusammen, in denen wiederum nur die gröbsten Männlichkeitsklischees geduldet und eingeübt werden – mit einer Verstärkerwirkung, die den Einfluss des weiblichen Erziehungspersonals um ein Vielfaches übertrifft.

Anpassungsdruck in Jungengruppen

Bei ihren empirischen Untersuchungen in einer Reihe unterschiedlicher Kindergärten kommt Margarete Blank-Mathieu letztlich jedes Mal zu dem gleichen Ergebnis: Die Jungen bevorzugen Kampf-, Rauf- und wilde Bewegungsspiele. Sie werden von den Erzieherinnen in Nebenräume nicht etwa abgeschoben, sondern belegen diese von sich aus mit Beschlag – notfalls, indem sie die Mädchen aus den »eroberten« Räumen abdrängen. Meist nehmen die Kindergärtnerinnen dieses Verhalten bis zu einem gewissen Grad hin – erst wenn der Lärmpegel aus dem Nachbarraum allzu sehr ansteigt, greifen sie ein. Offenbar neigen sie zu der Ansicht, dass sie die Jungen ohnehin nicht für die Gesprächs- oder Malrunden begeistern könnten, die sie währenddessen mit den Mädchen veranstalten – und damit haben sie im Allgemeinen auch recht.

Natürlich gibt es in den Kindergärten immer wieder auch Aktionen, an denen Jungen ebenso wie Mädchen beteiligt sind – gemeinsames Frühstück, gemeinsame Ausflüge oder themenorientierte Bastelspiele. Aber sobald sich ihnen die Gelegenheit bietet, weichen die Jungen in Räume aus, in denen sie ihre Fantasiespiele inszenieren können – unbehelligt von den Mädchen ebenso wie von den Erzieherinnen. Das entspricht auch den Erfahrungen, die Jungenarbeiter Olaf Jantz mit Jungen im Kindergarten- und Grundschulalter gemacht hat. »Auch wenn Eltern ihre Kinder emanzipatorisch erziehen – spätestens im Kindergarten mit der Gleichaltrigengruppe geht die Normierung los.«[24]

Anhand ausführlicher Einzelinterviews mit überwiegend vier- bis sechsjährigen Jungen fand die Sozialisationsforscherin Margarete Blank-Mathieu unter anderem heraus: Die Jungen schenken Projekten, die von den Erzieherinnen angeregt und durchgeführt werden, wenig Beachtung – weit wichtiger sind ihnen die selbst organisierten Spiele in der gleichgeschlechtlichen Gruppe. Und: Auch als Personen spielen die Kindergärtnerinnen für die Jungen praktisch keine Rolle – in den Interviewantworten kommen die Frauen gar nicht vor.

Allerdings zeigte sich auch, dass bei den vier- bis sechsjährigen Jungen keineswegs bereits alle individuellen, vermeintlich unmännlichen Seiten hinter stereotyp maskulinen Verhaltensweisen verschwunden waren. Da sie die Jungen tendenziell nur als gleichförmige Gruppe wahrnahmen, verstärkten die Erzieherinnen jedoch in zweifacher Hinsicht den Anpassungsdruck in der Jungengruppe:

- Den Erzieherinnen entging im Großen und Ganzen, dass die einzelnen Jungen durchaus individuelle Gaben und Vorlieben hatten, die mit den Männlichkeitsvorstellungen der Gruppe nicht übereinstimmten, an denen sie aber heimlich weiterhin festhielten – beispielsweise dem Ausspinnen von Fantasiegeschichten jenseits des stereotypen »Held zieht in den Kampf«-Musters;
- viele Jungen besaßen ein »Expertenwissen« (über Dinosaurier, Autos, Computer etc.), aber auch diese persönlichen Stärken nahmen die Erzieherinnen kaum wahr und gingen nicht darauf ein – obwohl die Jungen solche »männlichen« Fertigkeiten, die ihnen in der Gruppe Ansehen verschafften, keineswegs verbargen.

Der Grund hierfür ist wiederum gewiss keine Böswilligkeit: Aus der Sicht der Kindergärtnerinnen überdeckt die lärmend zur Schau getragene »Männlichkeit« der Gruppe alle Abweichungen bei einzelnen Jungen. Und gerade das ist ja zweifellos ein wesentlicher Zweck der martialischen Rituale und Spiele in Jungengruppen.

Man kann sich die kämpferischen Fantasiespiele der Jungen im Vorschulalter so vorstellen, dass sich die Gruppe in kollektiver Anstrengung gleichsam einen »imaginären Vater«[25] erschafft. Dieses gemeinsame Männerideal weist zwangsläufig nur die allgemeinsten und unpersönlichsten, überdies ins Mythische überhöhten Eigenschaften des althergebrachten Vaterbildes auf: Weil die meisten Jungen heute in einer weitgehend männerlosen Welt aufwachsen, können sie diese »Vaterschablone« kaum durch eigene Beobachtung oder gar Erfahrung mit individuellen Zügen anreichern.

Wenn sie sich in den Jungengruppen gegenseitig unter Druck setzen und jedes Verhalten ächten, das mit dem Klischee des todesmutigen Kämpfers unvereinbar scheint, so beruht diese gemeinsame Selbstabrichtung jedoch auf einem traurigen Irrtum: Vor unseren Augen berauben die Jungen sich ihrer Lebenschancen, indem sie sich einem Männlichkeitsmodell anpassen, mit dem heute kein Staat und kein individuelles Glück mehr zu machen ist.

Gewiss erinnern sich viele Männer noch an den Anpassungsdruck, den Gleichaltrigengruppen in bestimmten Kindheitsphasen auf sie ausgeübt haben: Wer die stärksten Fäuste hatte, am kräftigsten Prügel austeilen konnte, gab den Ton an – Bücherwürmer und sonstige unsportliche Schwächlinge dagegen mussten wahre Kunststücke der Selbstverleugnung vollbringen, um zumindest am unteren Ende der Hackordnung halbwegs unbehelligt zu bleiben. Es ist das »Abraham-Programm« in Reinkultur, das die Jungen in ihren Gruppen, damals wie heute, an sich selbst und ihresgleichen exerzieren – die Abrichtung zum Krieger, für den Fähigkeiten wie Fantasie und Empathie in der Tat nur gefährliche Schwächen darstellen: Die eine macht feige, die andere hemmt den Jagdinstinkt.

Bei einer Befragung von Schülern der vierten bis siebten Klasse wählten die Jungen aller Jahrgänge in einer Hitliste ihrer Traumberufe Polizisten und Militärs auf Platz eins.[26] Für die Maskulinisten beweist dies wohl einmal mehr, dass Jungen und Männer erst als Jäger, Krieger und Beschützer in hierarchischen Kommandostrukturen zu ihrer naturgemäßen Bestimmung finden. Tatsächlich aber belegt die starre Bevorzugung solcher traditionell maskulinen Berufe lediglich dies: Bei der Anpassung ihrer Vorstellung von Männlichkeit an die gesellschaftliche Wirklichkeit scheint ein großer Teil hiesiger Jungen zwischen ihrem vierten und 14. Lebensjahr nicht nennenswert voranzukommen. Die Entwicklung ihrer Persönlichkeit stagniert – wohl nicht zuletzt deshalb, weil sie in der so entscheidenden Vorschulphase keine realitätsgerechte Orientierungshilfe erhalten haben.

Auch auf die Technik kommt es an

Natürlich sind nicht nur die Vorschulkinder, sondern auch ihre Erzieherinnen selbst durch geschlechtsbezogene Erziehung geprägt – mit der Folge, dass sie ihre Schützlinge unwillkürlich in geschlechtsstereotypem Verhalten bestärken. Das betrifft allerdings nicht nur die Mädchen, um die sich die antisexistische Pädagogik vor allem sorgt. Wenn Erzieherinnen bevorzugt die Mädchen zum Tischdecken und Geschirrspülen heranziehen und von Jungen eher kleine Reparaturen ausführen lassen, dann werden die Jungen in der traditionell männlichen Rolle des Technikers und Handwerkers zwar bestärkt – aber gleichzeitig auch im Stich gelassen.

Die Erzieherin signalisiert ihnen: Wir Frauen verstehen nichts von diesen technischen Dingen. Damit bleiben die Jungen nicht nur bei ihrer Persönlichkeitsentwicklung allein, sondern müssen auch jegliche technischen Fertigkeiten auf eigene Faust entwickeln und sich Konstruktionsprinzipien allein erschließen. Dabei ist die Technik ein Feld, das die Mehrheit der Jungen hochgradig fasziniert – und auf dem ein großer Teil von ihnen sich später auch im Berufsleben bewähren will und muss: Unter den von männlichen Jugendlichen gewählten Ausbildungsberufen liegen technische Berufe regelmäßig an der Spitze – in einer Hitliste des Jahres 2003 etwa der Kfz-Mechatroniker (1. Platz), der Elektroniker (2.), der Metallbauer (5.), der Mechatroniker (7.) oder der Industriemechaniker (8.).

Gewiss wurde hierzulande seit den Neunzigerjahren die Zahl der Arbeitsplätze in traditionellen Männerberufen, vor allem in den technisch-industriellen Sektoren, erheblich dezimiert. Aber das bedeutet ja keineswegs, dass Jungen dort keine berufliche Zukunft mehr hätten – im Gegenteil: Der Bedarf an höher qualifizierten Spezialisten, etwa an Ingenieuren und Informatikern, ist gewaltig, in etlichen Sparten herrscht bereits Fachkräftemangel. Ein Grund mehr, die große Zahl der Jungen, die sich für technische Zusammenhänge begeistern, so früh wie nötig und so intensiv wie möglich zu fördern.

Den einzelnen Erzieherinnen in den Kindergärten ist wiederum gewiss nicht anzukreiden, dass sie sich in der Rolle »technischer Experten« weder wohl noch sattelfest fühlen – und von den Jungen deshalb meist auch nicht akzeptiert werden. Viele Mütter haben mit ihren Söhnen sehr ähnliche Erfahrungen gemacht: Die Jungen tüfteln und bauen mit immer komplizierteren Konstruktionsspielzeugen herum, kommen irgendwann allein nicht weiter – und rufen die Mutter zu Hilfe. Aber nur wenige Mütter bringen die Geduld, die technischen Kenntnisse und die sensorisch-motorische Übung mit, die erforderlich wären, um ihre Söhne und sich selbst als Technikspezialisten tatsächlich zu überzeugen. Natürlich gibt es mittlerweile auch zahlreiche Kfz-Mechatronikerinnen oder Ingenieurinnen, und stünden sie in Kinderzimmer oder Kindergarten zur Verfügung, so würden sie aufgrund ihres »Expertentums« von den Jungen zweifellos akzeptiert. Nur: Sie sind in der Regel so wenig zur Hand wie ein Techniklehrer männlichen Geschlechts.

Mehr männliche Lehrer gleich bessere Jungennoten?

Wie die Leipziger Soziologin Heike Diefenbach im Jahr 2002 herausgefunden hat, werden männliche Grundschüler in allen Bundesländern deutlich schlechter benotet als ihre Altersgenossinnen. Im Vertrauen auf die Bundeskanzlerin (»Gleichberechtigung ist an unseren Schulen Realität«) könnte man nun vermuten, dass die Mädchen in den Grundschulen einfach aufgrund besserer Leistungen auch die bessere Bewertung erhielten.

Das mag durchaus ein Teil der Erklärung sein. Doch auch die dritte »Internationale Grundschul-Lese-Untersuchung« (IGLU) kommt im Jahr 2005 zu dem Ergebnis, dass Jungen in den vierten Klassen deutscher Grundschulen bei gleicher Leistung in Deutsch und Sachkunde oft schlechtere Noten als Mädchen erhalten. Nach den Erkenntnissen von Heike Diefenbach ist der Zusammenhang eindeutig: Je höher der Anteil weiblicher Lehrkräfte, desto schlechter werden die Jungen bewertet. In Brandenburg beispielsweise betrug der Anteil weiblicher Lehrkräfte 93,3 Prozent – und die Jungen wurden um beängstigende 19,3 Prozent schlechter eingestuft als die Mädchen. In Baden-Württemberg dagegen, mit einem Anteil von 66,7 Prozent Grundschullehrerinnen, lagen die Jungen »nur« 7,2 Prozent hinter den Mädchen zurück.[27]

Im Durchschnitt aller Bundesländer betrug der Anteil männlicher Grundschullehrer im Schuljahr 2004/5 gerade mal 13,4 Prozent.[28] Selbst in Realschulen haben die Lehrerinnen bei einem Verhältnis von 62 zu 38 Prozent nahezu eine Zweidrittelmehrheit.[29] Die schlechtere Bewertung der Jungen scheint sich also zumindest teilweise weniger mit einer Leistungskrise der männlichen Schüler als mit der ungleichen Bewertung von Jungen und Mädchen durch eine überwiegend weibliche Lehrerschaft zu erklären. Ebenso trifft allerdings zu, dass die Jungen etwa bei den PISA-Tests zum Leseverständnis auch objektiv schlechter abgeschnitten haben als die gleichaltrigen Mädchen. Darauf komme ich noch zu sprechen.

Wiederum habe ich keineswegs die Absicht, den Lehrerinnen insgesamt oder in einer nennenswerten Zahl von Einzelfällen absichtliche Benachteiligung ihrer männlichen Schüler zu unterstellen. Ein wesentlicher Fehler liegt doch offensichtlich im System: Jungen im Vor- und Grundschulalter orientieren sich bereitwilliger an männlichen als an weiblichen Leitfiguren – und bei den Mädchen verhält es sich umgekehrt. Aufgrund ihrer eigenen Sozialisation haben nicht nur die Vor- und Grundschulkinder, sondern auch die Lehrkräfte geschlechtstypische Vorlieben und Abneigungen entwickelt: Jungen begeistern sich nun einmal oftmals für andere Dinge als Mädchen, und ihre Begeisterung drückt sich häufig anders aus – mit anderem Vokabular, vehementer und lauter.

Bei meinen Lesungen in Schulen habe ich selbst schon mehr als einmal erlebt, dass vor allem Lehrerinnen erklären, »natürlich« flössen allgemeines Betragen oder auch die Handschrift in die Zeugnisnote und selbst in die Bewertung einzelner Deutschaufsätze ein. Kein Wunder also, dass Jungen oftmals deutlich schlechtere Noten in Sprachfächern bekommen – wir alle wissen, dass das Verhalten dreizehn- oder vierzehnjähriger Jungen im Allgemeinen ebenso sehr von dem Betragen ihrer Mitschülerinnen wie von den Wunschvorstellungen der Mütter und den Benimmregeln der Lehrer abweicht: Sie rufen in die Klasse, klopfen schrille Sprüche, produzieren sich, stellen Langeweile oder Genervtsein demonstrativ zur Schau. Das muss die Lehrerin nicht mögen, und das wird sie auch bloß bis zu einem gewissen Grad hinnehmen können. Nur: Was hat das rüpelhafte Betragen eines Jungen mit seinen Fähigkeiten im Fach Deutsch zu tun?

Männlichen Lehrkräften steht das herausfordernde Betragen der Jungen im Zweifelsfall näher – und die Jungen verhalten sich meist auch ihrerseits weniger provozierend, wenn ein Mann vor der Klasse steht. Wäre also in Schulen und Kindergärten das zahlenmäßige Geschlechterverhältnis bei Lehrern und Schülern, Betreuern und Betreuten ungefähr gleich, so würden sich diese – ungewollten, unvermeidlichen – geschlechtsbedingten Verhaltens-, Wahrnehmungs- und Bewertungsunterschiede mehr oder minder ausgleichen.

In politischen Diskussionen taucht im Zusammenhang mit den schlechteren Noten der Jungen zuweilen ein bizarres Argument auf: Weshalb diese Aufregung, heißt es da – die Mädchen bekommen ja trotz ihrer besseren Abschlüsse nach wie vor im Schnitt die schlechteren und schlechter bezahlten Jobs. Das ist als statistische Aussage sicherlich richtig, nur sprechen wir hier von Chancengerechtigkeit für jeden und jede Einzelne – und nicht von abstrakter »Geschlechtergerechtigkeit«. Aus welchem Grund sollte auch nur ein einziger Junge mit schlechteren Noten und einem schlechteren Abschluss dafür büßen müssen, dass es immer noch Arbeitgeber hierzulande gibt, die männliche Arbeitskräfte bei gleicher Eignung bevorzugen?

Die neue deutsche Teilung – hier Schule, dort Ökonomie

Wenn wir die Erzieherinnen und Lehrerinnen für die Benachteiligung unserer Söhne nicht haftbar machen können – wer käme sonst als Schuldiger in Frage? Die Männerrechtler sind sich natürlich gleich wieder einig und zeigen auf die Urheber/-innen der antisexistischen oder Gender-Mainstreaming-Pädagogiken.

Ihre Kritik an manchen Übertreibungen und Einseitigkeiten bei Lehrmethoden und -inhalten ist gewiss nicht unberechtigt – darauf gehe ich gleich noch ausführlicher ein. Aber: Die Männer hierzulande sind in den letzten Jahrzehnten aus den Bereichen der Erziehung und Bildung massenhaft geflüchtet – und dürfen sich nun wahrlich nicht beklagen, wenn tatsächlich oder vermeintlich »männliche« Anliegen und Eigenheiten in den gängigen pädagogischen Konzepten weniger stark berücksichtigt sind als »weibliche« Vorlieben und Stärken:

- Noch 1995 betrug der Anteil männlicher Lehrer an Grundschulen 29,1 Prozent (2004: 14,2 Prozent, 2005: 13,4 Prozent).
- An den Gymnasien sind noch fast die Hälfte der Lehrer (48 Prozent) Männer, doch auch hier sinkt ihr Anteil rasant: Noch vor 30 Jahren waren mehr als zwei Drittel der Studienräte männlich.
- Zur statistischen Entwicklung bei den Pädagogikstudenten liegen nur auf Länderebene verlässliche Zahlen vor, aber auch die sprechen eine deutliche Sprache: Der Anteil männlicher Pädagogikstudenten in Baden-Württemberg beispielsweise hat sich von über 40 Prozent Ende der Sechziger auf 20 Prozent im Jahr 2001 mehr als halbiert.[30]

Also Glück auf, Geschlechtsgenossen: Versuchen wir ein Comeback im Bildungs- und Erziehungswesen – allerdings bitte kein »maskulinistisches« Rollback.

Man kann es kaum oft genug betonen: Die bloße Steigerung der »Männerquote« in pädagogischen Berufen ist für die Jungen so wenig von Vorteil wie ein verstärktes erzieherisches Engagement der Familienväter; benötigt werden hier wie dort Modelle, die den Jungen vorleben, wie man seine persönlichen Gaben und Talente weiterentwickeln kann – gleich ob die nun traditionell als weiblich, männlich oder wie auch immer angesehen wurden. Berserker, die ihnen beibringen, dass Flöten als Schlagstöcke – und Bücher vermutlich zum Feuer machen – taugen, brauchen unsere Söhne dagegen definitiv nicht.

Warum Imagewerbung für Erzieherberufe nicht genügt

Wie können wir erreichen, dass sich mehr junge Männer für die Berufe des Erziehers und Lehrers begeistern?

Eine populäre Empfehlung lautet: Wir müssten den männlichen Schulabsolventen in gleicher Weise die traditionell weiblichen Berufsfelder schmackhaft machen, wie dies ja bei den Mädchen bereits erfolgreich praktiziert worden sei. Erforderlich wären also bundesweite »Boys' Days«, an denen die Jungen auf Schnuppertour in Kindergärten und Grundschulen geschickt werden, so wie die Mädchen an den »Girls' Days« Autowerkstätten oder Maschinenbaufabriken erkunden können.

Eine nahe liegende Idee, zweifellos. Durch entsprechende Kampagnen könnten vermutlich in der Tat ein paar Hundert junge Männer jährlich dafür gewonnen werden, den Beruf eines Erziehers in Kinderbetreuungseinrichtungen zu ergreifen. Allerdings werden sich von diesem Angebot hauptsächlich solche Männer angesprochen fühlen, die mangels Qualifikation keine besser bezahlten Arbeitsplätze finden und/oder den Wettbewerbs- und Leistungsdruck auf dem freien Markt scheuen. Denn der Beruf der pädagogischen Fachkraft ist hierzulande miserabel bezahlt und unter Männern ebenso schlecht angesehen. Bei den Schulabgängern dafür zu werben, dass mehr männliche Jugendliche sich für dieses Berufsfeld entscheiden, kann also nur ein sehr kleiner Teil der erforderlichen Maßnahmen sein. Das gilt auch für die gleichfalls gern empfohlenen Medienkampagnen, die das Image des Erzieherberufs verbessern und die Werbebotschaft unters männliche Volk bringen sollen: Kindererziehung ist total männlich und cool.

Solange die Bezahlung jedoch ziemlich uncool ist, wird sich sowohl die Imagesteigerung als auch der Andrang männlicher Interessenten in Grenzen halten. Gegenwärtig liegt das Anfangsgehalt einer in Vollzeit beschäftigten Erzieherin im öffentlichen Dienst bei knapp 2000 Euro. Im bundesweiten Durchschnitt, Beschäftigte bei privaten Trägern mitberücksichtigt, liegt es sogar nur bei gut 1500 Euro brutto – und damit noch unter dem Lohn von Busfahrern oder Fleischereiverkäufern.[31] Im Jahr 2002 betrugen die Durchschnittseinkünfte von Frauen in »Frauenberufen« (Männeranteil unter 20 Prozent) ein Jahr nach Ausbildungsabschluss durchschnittlich gut 2500 Euro brutto, von Männern in »Männerberufen« (Männeranteil über 80 Prozent) dagegen gut 3700 Euro brutto[32]: Wer will, dass mehr Männer sich für die klassischen Frauenberufe Erzieher/-in oder Primarschullehrer/-in entscheiden, muss auch dafür sorgen, dass diese Tätigkeiten deutlich besser vergütet werden.

Im Übrigen sind auch Aktionen wie der »Girls' Day« nicht allzu erfolgreich. Im alten Bundesgebiet hat sich der Anteil der weiblichen Beschäftigten in typischen Frauenberufen wie Floristin oder Pharmazeutisch-technische Assistentin von 1990 (93 Prozent) bis 1997 (96 Prozent) sogar noch erhöht – während die Männer in den meisten typischen Männerberufen, etwa Monteur oder Fliesenleger, im gleichen Zeitraum mit konstant 96 Prozent wie seit jeher weitgehend unter sich blieben. In den neuen Bundesländern sah es bei den Frauenberufen ein wenig besser aus (Männeranteil: 13 Prozent), dafür waren Frauen dort noch weniger als im Westen in den klassischen Männerberufen präsent (Frauenanteil: ein Prozent). Und soweit junge Frauen überhaupt einen Ausbildungs- oder Arbeitsplatz in einem der typischen Männerberufe erhielten, handelte es sich meist um Jobs mit unterdurchschnittlichen Verdienstmöglichkeiten – etwa als Tischlerin, Glaserin oder Lackiererin.[33]

Wie kommt es, dass den Kampagnen und Initiativen, mit denen in den letzten Jahrzehnten vor allem die Mädchen zur Erkundung klassisch männlicher Berufsfelder ermuntert werden sollten, eher magere Erfolge beschieden waren? Die hartnäckigen Vorurteile mancher Arbeitgeber, die sich im Zweifelsfall doch lieber für einen männlichen Bewerber entscheiden, sind sicherlich ein Grund. Sehr viel entscheidender sind aber die Selbstbilder und Berufswünsche der Mädchen, die nach wie vor mit überwältigender Mehrheit in klassisch weibliche Berufe streben: Bei einer Befragung von Schülerinnen der vierten bis siebten Schulklassen wählten die Mädchen aller Jahrgänge die Ärztin, die Lehrerin, die Krankenschwester und die Erzieherin in die Top fünf ihrer Traumberufe.[34]

Wirtschaft ist männlich

Männer legen hierzulande deutlich mehr Wert als Frauen darauf, dass bei ihrem Beruf auch die Bezahlung stimmt: Bei einer Befragung von Studienanfängern im Jahr 2002 nannten 71 Prozent der Männer, aber nur 55 Prozent der Frauen gute Verdienstmöglichkeiten als Motiv für ihre Studienfachwahl.[35] Überdies ist es jedoch noch immer die gelebte Realität in der breiten Mehrheit der Familien in Deutschland – insbesondere in den alten Bundesländern –, dass die Männer durch ihre Arbeit den Hauptteil des Haushaltseinkommens erzielen: Bei einer Befragung durch das Institut für Demoskopie Allensbach im Jahr 2005 erklärten 82 Prozent der Männer bis 44 Jahre, dass ihr Einkommen erheblich höher sei als das ihrer Partnerinnen.[36]

So ist der weibliche Anteil der Beschäftigten in Deutschland seit 1991 zwar deutlich gestiegen – auf fast 48 Prozent im Jahr 2005. Jedoch hatten Frauen mehr als drei Viertel der elf Millionen Teilzeitstellen und lediglich ein gutes Drittel der Vollzeitstellen inne. Ihr Gesamtanteil an der Erwerbsarbeit ist also sehr viel geringer als ihr Anteil an den Arbeitsplätzen.[37]

Ein Grund könnte darin liegen, dass vielen Frauen Karriere, Prestige und Statussymbole schlichtweg nicht so wichtig sind wie der Mehrheit der Männer. Jedenfalls deuten mittlerweile etliche Daten in diese Richtung. So vermeldete das Bundesfamilienministerium zwar erst kürzlich eine auf den ersten Blick beeindruckende Quote: Bei den unter 30-jährigen Personen in Leitungspositionen beträgt der Frauenanteil aktuell 43 Prozent. Allerdings dürften Twens in Führungsetagen generell nur eine Minderheit darstellen, egal ob männlich oder weiblich. Jenseits der dreißig sind die Männer in den höheren und Toppositionen jedenfalls nach wie vor weitgehend unter sich: »Mit der Familiengründung bis zum Alter von 40 Jahren« sank der Anteil der Frauen auf der Entscheiderebene im Jahr 2007 auf knapp über 20 Prozent.[38]

Woran liegt das? Die Nürnberger Bundesagentur für Arbeit kommt in ihrer Führungskräftestudie zu dem Schluss, dass männliche Topmanager die besseren häuslichen Voraussetzungen hätten: Ihre Frauen seien überwiegend nur teilzeitbeschäftigt oder gar nicht berufstätig, könnten sich also um die Kinderbetreuung kümmern, während die Männer von Topmanagerinnen meist selbst einen Vollzeitjob ausübten.[39]

Aber trifft dieses Argument wirklich zu? Das scheint mir schon deshalb zweifelhaft, weil Familien von Topmanagern im Allgemeinen imstande sein dürften, eine professionelle Kinderbetreuung auch jenseits öffentlicher Angebote zu organisieren und zu finanzieren. Wenn die Nürnberger Akademiestudie gleichwohl recht hätte, dann müssten Frauen in Staaten mit optimalen Kinderbetreuungsangeboten jedenfalls einen deutlich höheren Anteil der leitenden Positionen besetzen. Doch selbst im Gleichstellungs-Musterland Schweden, das über eines der weltbesten Kinderkrippensysteme verfügt, betrug der Frauenanteil an Führungspositionen in einheimischen Wirtschaftsunternehmen im Jahr 2005 lediglich 25 Prozent. Ein bescheidener Wert – und überdies gegenüber dem Vorjahr ein deutlicher Rückgang um sieben Prozent.[40]

Es spricht also einiges dafür, dass vielen Frauen die extreme Fokussierung auf Leistung, Wachstum und Erfolg in der globalisierten Wirtschaft weniger als der Mehrheit der Männer zusagt. Tatsächlich ist die ökonomische Hemisphäre unserer Gesellschaft nach wie vor sehr stark von traditionell männlichen Werten geprägt: Auch wenn die alte abrahamitische Ausrüstung mit Kampfkraft und Wachstumshunger, Eroberungslust und Siegeswillen allein nicht mehr genügt, sind doch in heutigen Unternehmen ohne diese Stärken nach wie vor allenfalls bescheidene Karrieren möglich.

Schule ist weiblich

Dagegen ist der gesamte Bildungssektor hierzulande in hohem Maß von traditionell weiblichen Wertvorstellungen und Vorlieben geprägt: Gemeinschaftsdienliches Verhalten oder die Fähigkeit, sein eigenes Ego zurückzunehmen, sind ohne Zweifel lobenswerte Attribute – mit denen allein jedoch auf der freien Wirtschafts-Wildbahn wenig

Eindruck und noch weniger Beute zu machen ist. Dort zählen im Zweifelsfall noch immer die klassischen Stärken des Alphatiers: Führungskraft, Mut zur einsamen Entscheidung, Erfolgsfixierung – gerne auch abgeschmeckt mit einem Schuss Arbeitssucht und einer Messerspitze Egomanie.

Ich trete nun keineswegs dafür ein, dass die Lehrkräfte an unseren Schulen sich fortan darauf konzentrieren, unsere Kinder zu karrieresüchtigen Siegertypen mit ökonomischem Killerinstinkt zu formen. Aber gleichwohl ergibt es wenig Sinn, wenn in unserem Bildungssystem Verhaltensideale und Werte vermittelt, gefördert und gefordert werden, die den Spielregeln und Normen der Berufswelt teilweise diametral entgegenstehen. Das betrifft im Übrigen beide Geschlechter: Von einer zu starken pädagogischen Orientierung an traditionell weiblichen Werten haben auch die Mädchen letztlich nichts, wenn viele von ihnen später im Berufsleben vor Konkurrenzkampf und Leistungsdruck kapitulieren oder sich mit untergeordneten Positionen zufriedengeben müssen – nur weil sie in der Schule nicht auch »männliche« Stärken wie Selbstdarstellung oder Wettbewerbsorientierung entwickeln und in ihr Selbstverständnis als moderne Frauen einfügen konnten.

Erheblich stärker benachteiligt werden aber die Jungen durch dieses innere Ungleichgewicht: Die einseitige Fokussierung auf »weibliche« Eigenschaften und Verhaltensweisen hat zur Folge, dass viele Jungen sich von unserem Betreuungs- und Bildungssystem insgesamt abgelehnt oder gar nicht erst »mitgemeint« fühlen – einfach weil sie selbst von männlichem Geschlecht sind, »die« Schule aber weiblich ist. Meist drücken sie selbst es anders aus: »Schule ist eigentlich gar nicht für uns. Keine Ahnung, warum wir jeden Tag herkommen müssen. Schule ist nur was für Mädchen« – so oder ähnlich habe ich es im Gespräch mit Jungenarbeitern oder den Schülern selbst oft genug gehört. Und im Prinzip haben die Jungen damit recht.

Die deutsche Lehrerschaft – zukunftsfeindlich, vergangenheitsfixiert?

Auf die Realitäten in der Berufswelt werden unsere Kinder in den Schulen allerdings nicht nur deshalb unzureichend vorbereitet, weil die eine überwiegend »männlich«, die andere »weiblich« strukturiert wäre. Zwei weitere Faktoren kommen hinzu: Die Lehrerschaft hierzulande ist insgesamt überaltert – und lebt überwiegend noch immer, wie zu Kaisers Zeiten, unter der Glasglocke des Beamtentums. Beides vergrößert nicht gerade ihre Nähe zur Lebenswirklichkeit der meisten heutigen Schüler und der künftigen Arbeitswelt.

Deren Spielregeln kennen wohl nur wenige Grundschul- oder Gymnasiallehrer aus persönlichem Erleben. Ihre eigenen Arbeitsplätze sind unkündbar, und der Beförderungstrott hängt noch immer sehr viel mehr von Dienstjahren als von der Qualität ihrer Arbeit ab. Dafür können die Lehrerinnen und Lehrer nichts, und die Mehrzahl von ihnen arbeitet gleichwohl mit großem Engagement. Aber beamtete Pädagogen sind zwangsläufig nur sehr begrenzt imstande, ihren Schülern Erfolg verheißende Strategien für ein Leben unter den Bedingungen der globalisierten Marktwirtschaft zu vermitteln.

Das gilt umso mehr, als ein großer Teil der Lehrkräfte heutzutage eher der Großeltern- als der Elterngeneration ihrer Schüler angehört. Pädagogen nahe der Pensionsgrenze – gleich welchen Geschlechts – sind jedoch als Modelle und Mentoren für acht- oder dreizehnjährige Schüler so wenig geeignet wie jene biologischen Väter, die sich jenseits der Lebensmitte einen Neustart gegönnt haben – mit neuer Gefährtin, neuem Nachwuchs, neuem Eigenheim; nur die innere Verjüngung hält meist nicht recht Schritt.

Nach Angaben des Statistischen Bundesamtes betrug im Schuljahr 2005/06 der Altersdurchschnitt der rund 790 000 Lehrkräfte in allgemeinbildenden und beruflichen Schulen 48 Jahre – zwei Jahre mehr als ein Jahrzehnt davor. Das hört sich noch nicht allzu dramatisch an, doch lediglich 13 Prozent der Lehrkräfte waren in diesem Zeitraum unter 35 Jahre alt, während die über 55-jährigen Pädagogen bereits 27 Prozent ausmachten – gegenüber nur 15 Prozent zehn Jahre vorher.

Durch die Überalterung der Lehrerschaft wird also die einseitige Ausrichtung auf etliche der traditionell femininen Werte, Verhaltensweisen und Lehrinhalte in unserem Schulsystem nochmals verstärkt. So liegt es beispielsweise auf der Hand, dass nicht nur weibliche, sondern ebenso die Mehrzahl älterer männlicher Lehrkräfte den berüchtigten Bewegungsdrang vieler Jungen nur schlecht nachempfinden können. Die Zeiten, da sie selbst vor unbändiger Lauf- und Rauflust kaum mehr stillsitzen konnten, liegen bei diesen in Ehren ergrauten Herren nicht selten bald ein halbes Jahrhundert zurück.

Auch die statistisch größere Distanz von Frauen zu den »neuen Medien«, die ja mittlerweile so ganz taufrisch auch nicht mehr sind, wird durch den demografischen Faktor verstärkt: Im Weltbild vieler Lehrerinnen und Lehrer sind Internet, PC und vor allem Computerspiele auf die

Rolle des Sündenbocks abonniert. An wachsender Leseunlust, steigendem Aufmerksamkeitsdefizit, explodierender Gewalt gerade bei den Jungen sollen sie schuld sein: Solche Pauschalurteile sind auch von altgedienten männlichen Lehrkräften häufig zu hören – und doch drücken sie ein scheinbar typisch »weibliches« Unbehagen gegenüber den digitalen Medien aus.

Aufgrund von Daten der europäischen Statistikbehörde Eurostat hat der Bundesverband Informationswirtschaft, Telekommunikation und neue Medien (BITKOM) errechnet, dass 51 Prozent der Frauen in Deutschland mittlere bis gute PC-Kenntnisse haben – gegenüber immerhin 65 Prozent der Männer.[41] Überdies beschränkt sich die weibliche PC-Nutzung weitgehend auf die Anwendung von Programmen im Beruf und auf die Internetnutzung in der Freizeit. Die Gestaltung von Software dagegen ist auch in der jungen Generation noch fast ausschließlich Männersache: Der Anteil weiblicher Studienanfänger im Fach Informatik lag 2007 bei mageren 18,6 Prozent.[42]

Von Leserinnen und Cyber-Nerds

Es besteht kein Zweifel: Unser Bildungssystem ist einseitig auf die »weibliche« Hemisphäre fokussiert – und es bevorzugt ebenso einseitig die glorreiche »bürgerliche« Vergangenheit gegenüber unserer Gegenwart. Dieser Zusammenhang kommt gewiss nicht von ungefähr: Gerade im bürgerlichen Zeitalter, hauptsächlich also im 19. und frühen 20. Jahrhundert, erfreuten sich traditionell feminine Stärken und Vorlieben heirzulande einer niemals vorher oder nachher erlebten Wertschätzung.

Damals entstanden die weltweit bis heute bestaunten Blüten mitteleuropäischer – und zu großen Teilen deutscher – Hochkultur: die romantischen und klassischen Meisterwerke der Malerei, Musik und Literatur. Nie zuvor hat ein in bürgerlichen Kreisen weithin akzeptiertes Männlichkeitsideal in unseren Breiten mehr »weibliche« Aspekte aufgewiesen als im romantischen Zeitalter. Eines der damals bekanntesten Werke hieß »Herzensergießungen eines kunstliebenden Klosterbruders« – der Titel war gleichsam das Motto dieser hochempfindsamen Epoche.

Wie kam es zu diesem Kult der »Innerlichkeit« im Deutschland des 19. Jahrhunderts? Ein wesentlicher Grund war die Erstarrung auf politisch-gesellschaftlicher Ebene, wie im ersten Kapitel ausführlicher beschrieben: Der »symbolische Vater« hierzulande, verkörpert durch zahlreiche Fürsten und Könige, stemmte sich beharrlich gegen seinen Untergang, nachdem der französische Monarch von den Revolutionären am Ende des 18. Jahrhunderts bereits gestürzt worden war. Freiheitsrechte und »brüderliche« Gleichheit, die das deutsche Bürgertum in der politischen Realität nicht erstreiten konnte, verwirklichten die romantischen Künstler stattdessen in den fantasierten Reichen der Musik, Malerei und Poesie.

Man verstehe mich bitte nicht falsch: Ich selbst bin Literaturwissenschaftler und ein großer Verehrer der romantischen Dichtkunst, die mich auch bei eigenen literarischen Versuchen stark beeinflusst hat. Gleichwohl finde ich es äußerst fragwürdig, dass der öffentliche Kultur- und Bildungssektor unserer Gesellschaft derart einseitig auf die gloriose bürgerliche Epoche, ihre vorindustriellen Werte, Vorlieben und Hervorbringungen fixiert ist – während heutige, unserer Gegenwart in mancherlei Hinsicht angemessenere und zukunftsweisende Medien, Kunstformen und -werke in den Lehrplänen und Unterrichtsformen unserer Schulen und in den Kulturteilen der großen Tageszeitungen allenfalls bescheidene Nebenrollen spielen.

So beklagen Lehrerverbände ebenso wie viele Meinungsmacher vor allem aus den Printmedien seit Jahren immer lauter, dass die Jungen mehrheitlich keine Bücher mehr läsen. Bei der sogenannten »Lesefähigkeit« erweisen sich Jungen in der Tat den Mädchen regelmäßig als unterlegen – nicht nur in Deutschland, sondern selbst beim »Lese-Weltmeister« Finnland: Dort sind Kinder und Jugendliche beider Geschlechter globale Spitzenreiter in dieser Disziplin, doch zugleich ist der Leistungsunterschied zwischen finnischen Jungen und Mädchen bei der Lesefähigkeit so groß wie nirgendwo sonst.[43]

Als einen der Gründe dafür, dass finnische Jungen beim Lesen im internationalen Vergleich so *gut* abschneiden, führen Forscher der Universität Helsinki an, dass Kinoverleiher und Fernsehsender des kleinen Landes die importierten Filme nicht synchronisieren, sondern mit finnischen Untertiteln versehen. Um der Handlung folgen zu können, müssen die Zuschauer also in der Lage sein, den eingeblendeten Dialogzeilen im schnellen Rhythmus der Schnitte zu folgen.

Warum aber schneiden dann selbst in Finnland die Jungen soviel *schlechter* ab als die Mädchen? Diese Frage hat die Finnen sehr beschäftigt. Das im Vergleich etwa zu Dänemark »härtere« Männlichkeitsbild könnte schuld an dem im Geschlechtervergleich schwächeren Lesevermögen der Schüler sein, wie die finnische Ausbildungsrätin Pirjo Sinko vermutet. Demnach fänden es viele finnische Jungen »unmännlich«, Bücher zu lesen.

Warum sollten Jungen Bücher lesen?

Aus welchem Grund sollten Jungen aber eigentlich »mehr Bücher lesen«? Was entgeht ihnen, wenn sie stattdessen einen Teil ihrer Zeit vor dem PC verbringen – außer warmen Lobesworten seitens der Lehrerschaft? Stimmt es denn, dass die Mädchen durch Buchlektüre ihr Bildungsniveau verbessern, während die Jungen sich Intelligenz, Nerven und Moral durch PC-Spiele ruinieren?

Nach einer aktuellen Umfrage des Instituts für angewandte Kindermedienforschung (IFAK) zum Leseverhalten deutscher Jugendlicher lesen Mädchen gerade im Pubertätsalter zwar deutlich mehr Bücher als ihre männlichen Altersgenossen. Aber ein großer Teil ihrer Lektüre sind Fanbücher über Kinostars und Begleitbücher zu Fernseh-Seifenopern wie »Verbotene Liebe« oder »Gute Zeiten, Schlechte Zeiten«.[44] Noch vor hundert Jahren hätten deutsche Bildungsbürger naserümpfend kommentiert: Dienstbotenliteratur. Heute stimmen die Nachfahren derselben Bildungsbürger Lobgesänge auf die Mädchen an, weil die überhaupt irgendetwas zwischen Deckel Gebundenes lesen – und sei es klischeehafter Schund.

Man mustere doch einmal die Programme der großen deutschen Kinder- und Jugendbuchverlage durch: Was dort von Reiterhof-Kitsch bis zu Erste-Liebe-Schwulst für die Zahnspangen tragende weibliche Leserschaft angeboten wird, hat mit Literatur im bildungsbürgerlichen Sinn meist bloß noch das Medium Sprache und die äußere Form des geleimten Printerzeugnisses gemein. Zweifellos können Mädchen, die ganze Serien solcher bonbonbunter Büchlein verschlingen, eben deshalb auch im Unterricht oder bei PISA-Wettbewerben mit Texten dieses Typus geläufiger umgehen. Aber ist derlei private »Bildung«

wirklich in jedem Fall eine lobenswerte Beschäftigung – egal, wie dürftig das sprachliche und erzählerische Niveau der Bücher auch sein mag, wie klischeehaft überdies die Welt-, Frauen- und Männerbilder, die in vielen dieser Machwerke vermittelt werden? Sicherlich nicht.

Genauso wenig läuft die private Nutzung der von vielen Jungen bevorzugten »neuen Medien«, also von PC und Internet, unbedingt und in jedem Fall auf praktizierte Bildungsbarbarei hinaus – egal, wie komplex die mentalen und sensorischen Anforderungen auch sein mögen, die etwa das Design einer multimedialen Homepage oder ein raffiniertes Videospiel in der Gaming Zone an die vernetzten User stellt.

Der Eindruck drängt sich auf, dass die Mehrheit unserer Lehrer, Kulturschaffenden und -kritiker von den »neuen Medien« wenig Ahnung hat. Dass sie die Buchlektüre anpreisen, weil sie sich in der Kulturtechnik des Lesens und der meist behäbigen Psychologie des konventionellen Romans zu Hause fühlen – und die Computernutzung geißeln, weil die Logik der Programmiersprachen sie ebenso wie die oftmals hochkomplexe Ästhetik und Dramaturgie virtueller Welten überfordert.

Nach der erwähnten aktuellen Umfrage greifen immerhin 55 Prozent der Jungen hierzulande zumindest gelegentlich noch zu einem Buch. Aber sollten wir uns darüber wirklich freuen, wenn wir erfahren, dass die bevorzugte Lektüre 14- bis 18-jähriger Jungen – neben den unvermeidlichen Potter-Bänden – aus Werken von Stephen King, John Grisham und des gnadenlos stereotypen Spannungs-Serientäters R. L. Stine besteht?

Auch wenn diese Behauptung häufig zu lesen ist: Es trifft keineswegs zu, dass Jungen Sachbücher gegenüber

Romanen bevorzugten. Bei der IFAK-Umfrage gaben nur elf Prozent der Jungen an, dass sie Bücher läsen, um sich zu informieren – dagegen nannten 40 Prozent »Entspannung« und »Abschalten« als Motive. Und lediglich sieben Prozent erklärten, dass sie aus Interesse an einem bestimmten Thema zu Büchern griffen.

Jugendbuchklassiker von »Robinson Crusoe« bis zur »Unendlichen Geschichte« spielen für beide Geschlechter gleichfalls keine nennenswerte Rolle: Die werden von den Großmüttern geschenkt und von den Enkeln und Enkelinnen meist ungelesen ins Regal gestellt oder bei Ebay verhökert. In diesem Punkt nämlich sind sich die Leser unter den Jungen mit den Mädchen einig: Beide greifen am liebsten zu schlicht gestrickten Erzählwerken – die Mädchen überwiegend, um in Gefühlswelten einzutauchen, die Jungen hauptsächlich der Spannung wegen.

Was ist gut an »guten Büchern«?

Zweifellos zählt die Lese- und Schreibfertigkeit zu den wichtigsten Informations- und Kommunikationstechniken in unserer Kultur, in der die Schrift nach wie vor eine fundamentale Rolle spielt. Aber: Die Schriftsprache ist weder notwendigerweise an ein Printmedium gebunden, noch findet sie für alle Zeiten ihren erhabensten Ausdruck im sogenannten »guten Buch«.

In den virtuellen Kunst- und Kommunikationsformen, die während der letzten zehn, 15 Jahre aufgekommen sind und sich seither hochdynamisch weiterentwickelt haben, sind das Medium Sprache und der geschriebene oder gesprochene Text ja beileibe nicht ausgestorben oder auch nur an den Rand gedrängt worden. Nur haben diese alten Kulturtechniken ihre Monopolstellung verloren – Videokameras oder Bearbeitungsprogramme für Schnitt oder Tonmischung, die noch vor 20 Jahren ein Vermögen kosteten, eine aufwendige Ausbildung erforderten und nur privilegierten Minderheiten zugänglich waren, werden durch die technologische Revolution immer breiter verfügbar. Jeder kann heute als sein eigener Regisseur, sein eigener Dichter in Sprache, Bild und Ton postmoderne Kreationen mit Videoblog, virtuellen Welten oder Webcam-Art inszenieren und ohne Weiteres online stellen – ein Internetzugang und einige elementare Fertigkeiten genügen.

Die Erzähltechniken des traditionellen Romans hingegen haben sich seit dem 19. Jahrhundert so gut wie nicht verändert. Vor allem in Romanen für die breite weibliche Leserschaft – die Mütter ebenso wie die Töchter – wird eine »Innerlichkeit« kultiviert und nach psychologischen Strickmustern konstruiert, die mit dem postmodernen Lebensstil und -gefühl nur noch wenig zu tun haben. Nicht von ungefähr zählt das historische zu den beliebtesten Genres der Leserinnen: Als Kunst- und Unterhaltungsform entstanden zu Zeiten, als die Welt noch übersichtlich, das Lebenstempo gemächlich war, Gefühls- und Seelenwelten allgemein wortreiche Aufmerksamkeit zuteil wurde, eignet sich der konventionelle Roman zwangsläufig am besten dazu, in vergangene Epochen und Welten zu entführen. Zur Darstellung und Reflexion unserer sehr viel komplexeren und zersplitterten Gegenwartswelt taugt diese Erzählform dagegen nur sehr bedingt.

Was versäumen also unsere Jungen, wenn sie sich von diesen Fluchttrecks in behaglich zurechtgemachte Wunschwelten fernhalten? Sie verpassen auf jeden Fall die Chance, bei Lesewettbewerben zu punkten – kein Wunder, wenn bei diesen Tests vor allem die Fähigkeit geprüft wird, Texte aus eher »weiblichen« Erfahrungswelten zu bewältigen. Zu diesem Schluss kommt auch der wissenschaftliche Leiter der IGLU-Studie für Deutschland, Professor Wilfried Bos: »Vielleicht werden zu viel Texte gelesen, die nicht den Interessen von Jungen entsprechen.«[45]

Aber was sonst, außer besseren Schulnoten, entgeht den Jungen durch Verweigerung von Buchlektüre? Die Behauptung, dass das Lesen von Romanen automatisch der Bildung oder gar der Persönlichkeitsentwicklung zuträglich sei, ist philiströser Unsinn – ebenso wie umgekehrt die Unterstellung, dass etwa das Ansehen eines (gleich welchen) Films »passiver Konsum« und folglich schädlich sei. Die gedankliche Stereotypie und sprachliche Monotonie von Erzählwerken à la John Grisham wirkt ja nur umso abstumpfender, weil der Leser sie auch noch »aktiv« in seiner Fantasie nachvollziehen muss. Dagegen ist beispielsweise ein filmisches Epos wie »Tiger and Dragon« von Ang Lee ein hochwertiges Kunstwerk, das ungleich komplexere Anforderungen an seine Zuschauer stellt – und gleichwohl weite Teile gerade der jungen männlichen Zielgruppe tatsächlich erreicht.

Wenn Bücher hierzulande bei Jungen ein so schlechtes Image haben, dann liegt das nicht zuletzt auch am hiesigen Kulturbetrieb: Das Angebot der Kinder- und Jugendbuchverlage richtet sich weitestgehend an eine weibliche Leserschaft. Zwar gibt es auch sogenannte »anspruchsvolle Jungenbücher«, aber hauptsächlich in zwei Varianten: entweder Werke mit musterhaften männlichen Protagonisten, in deren politisch überkorrektem Verhalten sich kein lebendiger Junge wiedererkennen kann oder gar will – oder Bücher mit »Problemthemen« wie »Gewalt« oder

»Alkohol«, die wiederum meist mit deutlich mehr pädagogischem Anspruch als erzählerischer Überzeugungskraft dargeboten werden. Dass die Jungen bei solchem Angebot mehrheitlich abwinken, sollte niemanden verwundern.

Natürlich übertreibe ich. Selbstverständlich gibt es Ausnahmen.[46] Aber die große Mehrheit der – männlichen wie weiblichen – Verantwortlichen in unserem Kultur- und Bildungssektor hat von heutigem Jungesein entweder überhaupt keine konkrete Vorstellung – oder aber, noch häufiger, ein negatives Bild. Jungen sind anstrengend, auffällig, aggressiv – und kommen als Zielgruppe im Fokus der Buchverlage kaum mehr vor.

Wenn die Kinder- und Jugendbuchverlage also mehr Romane mit glaubwürdigen männlichen Protagonisten herausbringen würden, könnten sie gewiss ein paar zusätzliche Prozent der heutigen Jungen für das Bücher lesen begeistern. Aber machen wir uns nichts vor: Wie die IFAK-Befragung ergeben hat, schätzen die Jungen an Erzählwerken gerade die Eigenschaften am meisten, die andere Medien mindestens ebenso gut bieten – und die Seiten am wenigsten, die gemeinhin als einzigartige Stärken literarischer Werke gelten:

- *Verfügbarkeit:* Im Grundschulalter lesen Jungen am häufigsten, ab der Pubertät deutlich seltener – hauptsächlich wohl deshalb, weil ihnen mit steigendem Alter andere Medien wie Fernsehen oder PC leichter zugänglich sind;
- *Intensität:* Ein Großteil der Bücher, die die Jungen als ihre gegenwärtige oder kurz zurückliegende Lektüre nennen, haben sie nur angelesen und oftmals nach

20 Seiten wieder weggelegt – einschließlich der Potter-Bände, deren Handlung sie auf Nachfrage oftmals gar nicht wiedergeben können;

- *Spannung ab dem Start:* Über die ersten Seiten hinaus kommen sie mehrheitlich nur bei Büchern, die mit einer extrem spannenden Szene beginnen – komplexere Erzählwerke mit handlungsarmer Exposition, ganz zu schweigen von Klassikern mit ausführlichen Beschreibungen und ungleich gemächlicherem Erzähltempo, tauchen in ihren Leselisten praktisch nicht mehr auf;
- *Action statt Innerlichkeit:* Mädchen schätzen Romane vor allem deshalb, weil diese die Darstellung von Innenwelten der Protagonisten erlauben, wodurch sie die Emotionen der Figuren und deren Beziehungen zueinander besser mit- oder (bei TV-Begleitbüchern) nacherleben können. Diese Aspekte spielen für die befragten Jungen überhaupt keine Rolle.

Aus dem letztgenannten Punkt sollte man jedoch nicht vorschnell folgern, dass die Mehrheit der Jungen komplette »Gefühls- und Beziehungs-Analphabeten« seien – sie bevorzugen nur oftmals einen anderen emotionalen Ausdrucksstil. Gerade der Film, mit seinen unvergleichlichen Möglichkeiten, tief verborgene Gefühle in Bilder und Bewegung umzusetzen und so an der Oberfläche sichtbar zu machen, ohne sie auszusprechen, zieht Jungen oft eher an.

Ich bestreite keineswegs, dass es für die Bildung und Persönlichkeitsentwicklung der Jungen von großem Vorteil wäre, wenn sie sich für komplexe Werke auch im Bereich der Jugendliteratur erwärmen könnten – aber davon wird zweifellos nur eine Minderheit (die im Übrigen auch bei den Mädchen nicht so viel größer ist) zu überzeugen sein. Für andere Medien wie den Film oder vor allem für die virtuellen Wirklichkeiten des Cyberspace sind sie dagegen sehr leicht zu begeistern – und wie die PISA-Ergebnisse zeigen, legen sie auch beim Verständnis gelesener Texte deutlich zu, wenn diese mit Abbildungen, Tabellen oder Grafiken durchsetzt sind.

So kommt Professorin Christine Garbe von der Universität Lüneburg zu dem Schluss, dass Mädchen ihren männlichen Altersgenossen nur beim Verständnis »kontinuierlicher Texte« deutlich voraus seien – Texte jener Art also, die sie auch in ihrer Freizeit bevorzugt lesen. Dagegen fällt der Abstand erheblich geringer aus, wenn man die Fähigkeit beider Geschlechter vergleicht, Kombinationen aus Schrift und Illustrationen, Grafiken, Tabellen etc. zu verstehen.[47]

Der Deutschunterricht hierzulande ist jedoch stark auf fiktionale Texte fokussiert, während die meisten Jungen eher an Sachthemen interessiert sind – wen wundert es da, dass sie bei Tests, in denen wiederum der Umgang mit Erzähltexten abgefragt wird, schlechter abschneiden als die Mädchen? Die Lüneburger Forscherin kommt zu einem wenig erstaunlichen Schluss: Rechnet man aus den PISA-Resultaten die verzerrenden Effekte hinaus, die dadurch entstehen, dass Jungen durchschnittlich ein deutlich geringeres Interesse am Lesen von gedruckten Texten aufweisen und dieses Medium ihnen erheblich weniger Lesefreude bereitet, dann liegen die Jungen beim Verständnis der gelesenen Texte mit den Mädchen gleichauf.

Eine Konsequenz drängt sich wiederum auf: Die Aufgabe unseres Bildungssystems muss es in erster Linie sein, Schülerinnen und Schülern Kulturtechniken wie Lesen, Schreiben und Rechnen möglichst optimal zu vermitteln, da diese eine wesentliche Grundlage für späteren Berufserfolg bilden. Zu diesem Schluss kommt auch Professor Ludger Wößmann, Bildungsforscher am ifo Insitut für Wirtschaftsforschung.[48] Die Lesekompetenz der Jungen wird jedoch durch die einseitige Bevorzugung »kontinuierlicher Texte« in unseren Schulen eher blockiert als gefördert; also ist es allerhöchste Zeit, Unterrichtsinhalte und -methoden entsprechend abzuändern, damit Jungen und Mädchen die gleichen Chancen erhalten – und unserer Volkswirtschaft künftig ein immenser Schaden erspart bleibt.

Knigge für die Karriere?

Die traditionell weiblichen Werte und Stärken, die im Kultur- und Bildungssektor unserer Gesellschaft so einseitig favorisiert werden, sind weitgehend deckungsgleich mit dem Kanon »bürgerlicher« Normen, Vorlieben und Benimmregeln, wie er sich im 19. Jahrhundert herausgebildet hat – der goldenen Zeit des bürgerlichen Entwicklungs- und Erziehungsromans.

Da kann es schwerlich überraschen, dass auch die Schülergruppe, die an unseren Schulen systematisch – und keineswegs nur im Deutsch- oder allgemeiner im Sprachunterricht – bevorzugt wird, diese beiden Eigenschaften aufweist: Sie ist überwiegend weiblichen Geschlechts und gehört dem bürgerlichen und großbürgerlichen oberen Drittel unserer Gesellschaft an. Die Schülergruppe dagegen, die systematisch benachteiligt wird, ist überwiegend männlichen Geschlechts und stammt aus der unteren Mittelschicht oder den neuerdings wiederentdeckten »Unterschichten«. »Selbst bei gleichem Wissensstand und Lernvermögen hat ein 15-jähriger Schüler aus reichem Elternhaus eine vier Mal so große Chance, das Gymnasium zu besuchen und damit das Abitur zu erlangen, wie ein Gleichaltriger aus einer ärmeren Familie«, kommentierte »Die Zeit« die Ergebnisse des PISA-Tests von 2005.[49]

Die monumentale Rückständigkeit des deutschen Bildungssystems offenbart sich hier gleich in doppelter Hinsicht: Erstens blockiert es den Aufstieg begabter Kinder aus den unteren Schichten, da für den schulischen Erfolg »bürgerliche« Werte und Verhaltensweisen, Vorlieben und Kenntnisse mitentscheidend sind, mit denen vor allem Kinder aus wertkonservativen Akademikerfamilien von früh auf vertraut gemacht werden. Zweitens hätte dieser Kanon »bürgerlicher« Werte und Normen, dessen Beherrschung es fordert und fördert, zwar zu Bismarcks Zeiten als Grundstein einer beachtlichen Karriere getaugt – heute ist er zu einem guten Teil bloß noch ein Werkzeug für soziale Selektion.

Noch ein Vatersturz

Das einstige Monopol der Schriftsprache ist inzwischen durch eine Vielfalt von Medien und Kommunikationstechniken ersetzt worden. Ohne viel Aufhebens wurde im interaktiven Cyberspace eine weitere Lieblingsfigur der bürgerlichen Kultur und Pädagogik vom Sockel gestoßen – der individuelle Schöpfer, der einzelne Erzeuger kreativer Werke, mit anderen Worten: die Idee des »geistigen Vaters«.

So wie der biologische Erzeuger nach den Mythen der alten Väterwelt der alleinige Schöpfer seiner Kinder sein sollte und durch den Zeugungsakt entsprechende Eigentums- und Herrschaftsrechte über sie erwarb, so konnte man sich im bürgerlichen Zeitalter auch den Künstler nur als autonomen Erzeuger vorstellen, der seine Werke in Form von einsamen »Kopfgeburten« hervorbringt. Sein bevorzugtes Medium war die Schrift, so wie das des höchsten Vaters die »Heilige Schrift« war – aber auch diese vielleicht letzte Bastion der alten Väterherrschaft ist bereits weitgehend zerbröckelt. Nur haben unsere Bildungsverwalter und -vermittler es nicht so recht bemerkt.

An die Stelle von (schriftsprachlichen) Kunstwerken und Wissenssammlungen mit identifizierbaren einzelnen Urhebern sind die virtuellen, multimedialen Welten getreten, die keine individuellen Schöpfer mehr haben, sondern durch ein Netzwerk von Zehntausenden, ja Millionen Mitautoren entstehen und sich beständig weiterentwickeln. Informationsmedien (Online-Enzyklopädien, Videoblogs, News-Portale), soziale Communitys im Web 2.0 und schließlich auch fiktionale Welten (Second Life, Gaming Zone etc.) werden seit wenigstens zehn Jahren auf diese Weise erschaffen und fortentwickelt: nicht durch die geistige Zeugungskraft eines einzelnen »Vaters« und nicht allein oder bevorzugt durch Schrift – sondern durch ein Netzwerk der unzähligen gleichberechtigten »Söhne und Töchter« und durch immer neue Verknüpfungen von Schrift-, Bild- und Tonmedien in virtuellen Parallelwelten.

Ohne Zweifel wird im World Wide Web auch eine Unmenge an Schund angeboten – nicht anders als in den älteren Medien, seien es Bücher, Zeitschriften oder Filme. In früheren Jahrhunderten standen deshalb auch Romane in dem üblen Ruf, den besorgte Pädagogen und Kulturkonservative nun den digitalen Medien anzuhängen versuchen. Anstatt aber interaktive, multimediale PC-Spiele pauschal als minderwertig und verrohend zu verunglimpfen, käme es darauf an, altersgerechte, Bildung und Entwicklung fördernde Inhalte und Darstellungsformen für diese Medien zu entwickeln.

Doch nicht nur die Lehrerschaft hierzulande, sondern auch die breite Mehrheit der Kulturschaffenden – mich selbst keineswegs ausgenommen – ist noch immer weitgehend auf die alten Medien fixiert, auf altväterliche Kulturtechniken, die zwar gewiss auch heute und morgen noch wichtig sind, aber eben nur noch neben anderen, neueren Medien und Fertigkeiten. Darum spielt in unseren Schulen die schriftliche Literatur eine so erdrückende Rolle – und beispielsweise die filmische Kunst eine so unangemessen minimale. Und darum wird auch nicht getestet, wie gut oder schlecht Jungen und Mädchen etwa die »Sprache« von multimedialen Werken zu »lesen« vermögen: weil weder die Lehrer noch die Bildungspolitiker, die beispielsweise PISA-Testreihen zusammenstellen, über die erforderlichen Fertigkeiten und Kriterien verfügen.

Ich behaupte, dass die multimedialen Kunst-, Informations- und Kommunikationswerke dem »alten Medium« des an die Schriftsprache gebundenen bürgerlichen Romans in jeder Hinsicht mindestens gleichwertig sind – auch und gerade, was die Darstellung von Gefühlen, Innenwelten und zwischenmenschlichen Beziehungen angeht. Und ich behaupte, dass die Argumente, mit denen die bürgerlich orientierten Kultur- und Bildungsverantwortlichen in unserer Gesellschaft die neuen Medien ablehnen und verunglimpfen, vorgeschoben sind: An multimedialen Werken verstört sie wohl nicht allein die Konkurrenz durch Bild, Ton, Interaktivität, der sich die Schrift dort nach jahrtausendelanger Monopolstellung ausgesetzt sieht – sondern mehr noch, was sich in dieser gleichberechtigten Vielfalt ausdrückt: die Abdankung des »geistigen Vaters«, der im Cyberspace durch die Netzwerkkreativität der »Söhne und Töchter« ersetzt worden ist.

Was bleibt von der Autorität der Priester in einer Welt, die den Glauben an Gottvater verloren hat? Und was bleibt von der Autorität der Lehrer in einer Gesellschaft, die die überkommene Idee des individuellen Urhebers durch das heute weit angemessenere Konzept der multi-auktorialen Schöpfung ersetzt hat? Auf die klassische Deutschlehrerfrage – »Was will uns der Dichter damit sagen?« – gibt es dann nicht nur keine Antwort mehr, sie selbst wird bedeutungslos.

Für die meisten Jungen ist sie das schon heute: Die IFAK-Umfrage ergab, dass auch für diejenigen unter ihnen, die immerhin ab und an Bücher lesen, der Autor keine besondere Rolle mehr spielt: Sie bevorzugen bestimmte Genres, können aber weder »Lieblingsbücher« noch »Lieblingsautoren« nennen.

Die Schule – ein Gutenberg-Museum?

Dies alles könnte uns für den Moment herzlich gleich sein, wenn unser Bildungssystem nicht diejenigen Medien ächten würde, die von den Jungen besonders geschätzt werden. Und das, obwohl die digitalen Medien ungleich vielfältigere Möglichkeiten bieten, zukunftsweisend sind und in nahezu allen Berufen bereits heute ungleich größere Bedeutung haben als die »kontinuierlichen Erzähltexte«.

Eine schriftfreie Zone ist ja auch die IT-Welt keineswegs. Haben die Kulturpessimisten nicht noch vor wenigen Jahren beklagt, dass in der jungen Generation niemand mehr die ehrwürdige Tradition des Briefeschreibens pflege? Nun aber werden alljährlich Milliarden SMS und

E-Mails verfasst, und in Internetforen, in Blogs und Web-Communitys textet die junge Generation, bis ihnen das Keyboard unter den Fingern zerbröselt.

Sie machen mehr Rechtschreibfehler als ihre Großväter. Und sie schreiben auch nicht mehr »Endunterfertigter beehrt sich, der gnädigen Frau zu vermelden«, sondern drücken sich deutlich schnörkelloser aus. Aber gehen sie mit der Schriftsprache schlechter um – oder einfach anders? Die Schrift ist für sie nur noch eines von vielen Medien, und von deren einstiger Aura einer »Heiligen Schrift« ist wenig übrig geblieben. Doch daneben können unzählige junge Menschen – und vor allem männliche Jugendliche – heute beneidenswert geschickt und kreativ mit den neuen Informations- und Kommunikationsmedien umgehen – mit multimedialen Online-Enzyklopädien oder Open-Source-Software, die sie im Handumdrehen für individuelle Zwecke anzupassen verstehen. Und noch sehr viel mehr unserer Kinder kämen noch sehr viel besser mit diesen Tools zurande, wenn es in den Schulen mehr Zeit und Kompetenz für die Kreativ- und Kommunikationstechniken unserer Gegenwart und Zukunft gäbe.

Eine EU-weite Umfrage von Eurydice, dem Europäischen Netzwerk zum Bildungswesen in Europa, unter Schülern und Schülerinnen im PISA-Testalter (15 Jahre) erbrachte 2002/2003 nicht nur für Deutschland, sondern für nahezu alle EU-Länder das gleiche Resultat: Jungen sind im Umgang mit dem PC in jeder Hinsicht versierter als Mädchen.[50] Wären bei PISA IT-Kenntnisse abgefragt worden, so wären die Jungen europaweit als Sieger daraus hervorgegangen. Doch diese Fertigkeiten fließen in die Schulnoten nur ganz am Rande mit ein – und den größten Teil davon haben die Schüler sich selbst beigebracht.

Wir sind heute Zeitzeugen einer kulturellen *und* technologischen Revolution. Der angebliche Gegensatz zwischen alten und neuen Medien und Kulturtechniken ist ein Scheinkonflikt, der sich in Bälde von selbst erledigen wird – anstatt ihn auf Kosten der Jungen noch länger zu schüren, sollten wir ihn möglichst schnell zu den Akten legen. Für ein erfolgreiches und befriedigendes Leben in der multimedialen Welt wird es nicht ausreichen, nur oder überwiegend im Gebrauch der neuen digitalen Medien geübt zu sein. Flüssiges Lesen und Schreiben sind weiterhin existenziell wichtige Kulturtechniken. Umso wichtiger ist es, auch die Jungen darin auf eine Weise zu fördern, die sie anspricht. Ebenso wenig wird es jedoch genügen, dass man nur oder überwiegend den Umgang mit den alten Medien Text/Buch beherrscht – und Förderung in IT-Belangen brauchen die Mädchen noch mehr als die Jungen.

Im Umgang mit berufsrelevanten Anwenderprogrammen wie Textverarbeitung und Tabellenkalkulation haben im Übrigen Jugendliche beider Geschlechter Nachholbedarf. Laut einer TNS-Infratest-Studie vom August 2007 fallen 46 Prozent aller Auszubildenden in Handwerksberufen, zu denen auch Berufe mit hohem Frauenanteil wie Friseur/-in, Bäcker/-in oder Zahntechniker/-in gehören, durch mangelhafte Computerkenntnisse auf.

Auch wenn es heute hauptsächlich von einer weiblichen Lehrerschaft verkörpert wird, hat sich unser Bildungssystem vom einstigen Vater Staat vor allem die negativen Attribute der traditionellen »väterlichen Autorität« bewahrt: Es fordert die Übernahme überkommener Werte und Fertigkeiten, die für die Bewältigung der Gegenwart teilweise kaum mehr taugen. Und es verstärkt geschlechtsstereotype Einstellungen und Eigenschaften bei den Jungen ebenso wie bei den Mädchen – nicht anders, als die leiblichen Väter nach Erkenntnis der Entwicklungswissenschaft bei ihrem Nachwuchs die »Spezialisierung der Geschlechter« forcieren. Schon deshalb ist es allerhöchste Zeit, dass wir den neuen Medien und Techniken mehr Platz in unseren Schulen und generell im kulturellen Leben unserer Gesellschaft einräumen: Angebliche Unterschiede zwischen Jungen und Mädchen bei Vorlieben und Fertigkeiten werden sich sehr bald relativieren, wenn etwa Lese- und IT-Fähigkeit, herkömmliche Schrift-Literatur und neuartige Kunstformen gleichermaßen gelehrt und bewertet werden – und wenn sich in ein und denselben multimedialen und interaktiven Kommunikations- und Kunstwerken »weibliche« und »männliche« Fertigkeiten, etwa Einfühlungsvermögen und Draufgängertum, gleichzeitig und gleichrangig darstellen und miterleben lassen.

Aber Videospiele wirken doch verrohend?

In einer Studie über »Mediennutzung, Schulerfolg, Jugendgewalt und die Krise der Jungen« kommen der Kriminologe Professor Christian Pfeiffer und weitere Forscher zu dem Schluss, dass zwischen schlechten Schulleistungen und häufiger Nutzung audiovisueller Medien deutliche Zusammenhänge bestünden.[51]

Wahr ist: Eine skrupellose Videospielindustrie schlägt aus der vollkommen unzulänglichen öffentlichen Kontrolle ihrer Machwerke Kapital. Bisher gibt es viel zu wenige Videospiele, die nach künstlerischen und ethischen Gesichtspunkten auf dem Niveau hochwertiger Jugendbücher oder -filme anzusiedeln wären. Wahr ist aber auch: Mit den digitalen Medien selbst hat das überhaupt nichts zu tun – Videospiele schlechthin als Schund für bildungsferne Schichten zu verteufeln, zeugt günstigstenfalls von mangelnder Sachkenntnis, oftmals aber auch von Dünkelhaftigkeit.

Niemand hat bisher nachweisen können, dass digitale Medien an sich für die schulische Leistungsfähigkeit oder die Persönlichkeitsentwicklung von Nachteil sind. Wenn beispielsweise ein 14-jähriger Junge nachmittags auf »Bayern alpha« eine Physiksendung ansieht, abends eine halbe Stunde im Internet mit Freunden chattet, in Wissensportalen recherchiert oder selbst ein altersgerechtes PC-Spiel in der Online-Gaming Zone spielt, wird wohl niemand behaupten, er laufe Gefahr, seine Entwicklung zu beeinträchtigen.

In ihrer Studie erklären Professor Pfeiffer und Kollegen des Weiteren, dass Jungen, die häufig Videofilme anschauten oder PC-Spiele mit brutalen Gewalt- oder Horrorszenen nutzten, auch öfter als der Durchschnitt ihrer Altersgruppe selbst gewalttätig würden. Aber was beweist das wiederum?

Es ist bekannt und im Übrigen leicht nachvollziehbar, dass viele Jungen sich vom Reiz des Verbotenen locken lassen: Wenn irgendwo ein Ballerspiel oder Horrorfilm »ab 18« zugänglich ist, will man zumindest einmal getestet haben, ob man dem Schocker nervlich standhält. Jungen früherer Generationen sind auf Baumstämmen über Waldschluchten balanciert oder haben rohe Schnecken verschlungen, um sich und ihrer Gruppe zu beweisen, dass sie über Angst und Ekelgefühl triumphieren können. Nur: Ein zweites Mal hat selten jemand freiwillig eine Nacktschnecke geschluckt, und genauso lassen es wohl auch heutige Jungen beim Ausprobieren bewenden – es sei denn, ihre Entwicklung ist bereits vorher deutlich »beeinträchtigt«. Wer imstande ist oder gar Gefallen daran findet, sich tagtäglich in die blutigen Schlächteruniversen menschenverachtender Computerspiele zu begeben, der muss gewiss schon vorher seine innere Balance verloren haben. Gewaltverherrlichende Filme oder Spielesoftware können die Verrohung und Brutalisierung solcher Jungen dann zweifellos noch dramatisch verstärken – und dass sie die Persönlichkeitsentwicklung ebenso wie die Schulleistungen beeinträchtigen, steht außer Frage.

Aber bei der Persönlichkeitsentwicklung dieser Jungen wurden die Weichen zweifellos schon lange vorher falsch gestellt – meist bereits in der frühen Kindheit, wenn sie erstmals in die Maschinerie des Abraham-Programms geraten sind. Durch Ballerspiele oder Horrorfilme allein wird niemand zum Intensivtäter oder Amokläufer. Jungen, die heute in unserer Gesellschaft gewalttätig werden, haben ihrerseits in aller Regel massive Erfahrungen mit realen Aggressionen gemacht – als Opfer, lange bevor sie selbst zu Gewaltkonsumenten und Gewalttätern wurden.

Aggressiver Tatendrang

Nach der klassischen Definition von Milan Kundera entsteht Kitsch durch »die absolute Verneinung der Scheiße«. Analog schlage ich vor, die Verhaltens- und Umgangsnormen in unseren Schulen zumindest teilweise als Resultat einer »Verneinung der Aggressivität« zu bestimmen.

Was der bereits erwähnte Jungenpsychologe Allan Guggenbühl zu diesem Thema anmerkt, trifft im Grundsatz gewiss zu: »Für Kinder und Jugendliche ist es wichtig, zwischen gewalttätigem Verhalten und gesunder Aggression zu unterscheiden. Wo ziehen wir jedoch die Trennlinie? Leider gehen viele Schulen von weiblichen Vorstellungen aus, wenn es um diesen Abgrenzungsakt geht. Vergessen wird, dass Raufereien, Kämpfe und Balgereien für Jungen eine andere Bedeutung haben als für Mädchen.«[52]

Allerdings bin ich nicht der »maskulinistischen« Ansicht, dass Jungen »von Natur aus« aggressiver seien als Mädchen: Sie werden nur von Geburt an zu »kämpferischem« Verhalten erzogen, die meisten Mädchen dagegen von Anfang an zu angepasstem, ausgleichendem und zurückhaltendem Betragen angehalten. Noch weniger teile ich eine Meinung, die in diesem Zusammenhang gleichfalls häufig zu lesen ist: dass die »männliche« Aggressionsneigung ein archaisches, heute nicht mehr benötigtes Überbleibsel aus der »Steinzeit« sei, als die Männer noch als Jäger und Krieger auf Beutezug gehen und ihre Sippe gegen Angreifer verteidigen mussten.

Solchen Thesen liegt nicht nur der biologistische Irrglaube zugrunde, dass unser Verhalten weitestgehend durch Gene und Hormone gesteuert sei. Überdies entspringen sie offenbar der Vorstellung, dass wir in einer von Gewalt weithin befreiten Gesellschaft lebten, in der Akte der Aggression allenfalls noch als pathologische Ausnahmen vorkämen. Das Resultat dieser behaglich realitätsfernen Weltsicht ist: Kitsch.

Aggressivität, wörtlich genommen, ist zunächst einfach die Bereitschaft, etwas anzupacken (lat. »aggredi« = »herangehen, angreifen«). Ohne Aggressivität kein Fortschritt, keine Zivilisation. Jedoch müssen wir durch Erziehung lernen, unsere aggressiven Energien und Impulse auf gesellschaftlich akzeptierte Ziele auszurichten – nur wenn uns das gelingt, brechen sie sich nicht als rohe Gewaltaktionen Bahn.

Hätten wir keine aggressiven Energien, so würden Bildhauer keine Marmorblöcke mit Hammer und Meißel bearbeiten und Manager keine Strategien zur Markteroberung umsetzen: Wohl auch deshalb, weil Jungen in unserer »abrahamitischen« Kultur von klein auf zu aggressivem, erkundendem, eroberndem Verhalten erzogen werden, ziehen manche Arbeitgeber noch immer männliche Kandidaten ihren Mitbewerberinnen vor.

Die Sublimierung der aggressiven Energien, ihre »Veredlung« und Ausrichtung auf gesellschaftlich angesehene Ziele, will in der Kindheit und Jugend gelernt sein – die Verhaltensregeln und Benimmideale in unseren Schulen verhindern aber solche Lernprozesse, da bereits spielerische Raufereien auf den Pausenhöfen als angebliche »Gewaltakte« unterbunden und geahndet werden. Sicherlich müssen die Aufsicht führenden Lehrer darauf achten, dass niemand zu Schaden kommt – aber eine Pädagogik, die schon harmlose Rangeleien als grundsätzlich zu missbilligende Gewaltausbrüche ansieht, bewirkt zwangsläufig das Gegenteil dessen, was sie beabsichtigt.

Zudem verhindert das Rauftabu in deutschen Schulen, dass die Schüler zumindest in den Pausen aufgestaute Energien auf harmlose Weise loswerden können – und trägt so erhebliche Mitschuld am gehäuften Auftreten vom Zappelphilipp- oder Aufmerksamkeitsdefizit-Syndrom, unter dem gerade die heutigen Jungen so häufig leiden.

Deutlich weniger Probleme machen da wieder mal die Mädchen: Schon im Grundschulalter haben die meisten von ihnen hierzulande gelernt, dass es sich für Angehörige ihres Geschlechts (noch immer) angeblich nicht gehört, sich raufend auf dem Boden herumzuwälzen. Deshalb sind es auch fast immer die Jungen, die von der Pausenaufsicht ermahnt werden, nicht »gewalttätig« zu sein – und sich die Mädchen zum Vorbild zu nehmen. Aber ist das Verhalten der Mädchen wirklich so vorbildlich? Hätten viele junge Frauen es nicht leichter im Job, wenn sie von Kind auf gelernt hätten, ihren aggressiven Energien so weit freien Lauf zu lassen, wie dies gemeinhin nur von den Jungen erwartet wird?

Die pädagogische Zielsetzung, herkömmlich als weiblich angesehene Eigenschaften bei den Jungen zu fördern, ist uneingeschränkt richtig und begrüßenswert: Wer wollte etwas dagegen einwenden, dass unsere Söhne zu mehr Einfühlungsvermögen, Team- und Konsensfähigkeit erzogen und ihre kreativen Potenziale entfaltet werden? Doch die damit einhergehende Zielsetzung, traditionell männliche Attribute und Einstellungen wie insbesondere die Neigung zur Aggressivität pauschal zu unterdrücken und regelrecht zu bestrafen, ist grundfalsch und gerade in pädagogischen Konzepten gänzlich fehl am Platz.

Gewalt in unserer Gesellschaft: Sie ist keine pathologische Ausnahme, sondern allgegenwärtige Realität. Der Staat als offizieller Gewaltmonopolist sorgt durch Polizei und Gerichtsbarkeit im Innern für »Recht und Ordnung« – und übt notfalls unmittelbare Gewalt aus, indem er diejenigen seiner Bürger, die sein Gesetz gebrochen haben, hinter Schloss und Riegel bringt.

Gerade für Jungen und männliche Jugendliche ist die staatliche Gewalt alles andere als abstrakt. »Für das Vaterland« müssen junge Männer noch immer zum Wehrdienst einrücken; im militärischen Sektor hat selbst unser heutiger, demokratischer und friedliebender Staat einen Überrest der abrahamitischen Vatermacht bewahrt: das unanfechtbare Recht, die Landessöhne notfalls für höhere vaterländische Ziele zu opfern.

Im westlichen Kulturkreis werden aggressive Konflikte heute meist nicht mehr auf dem Schlachtfeld ausgetragen, sondern in den subtileren Kriegszügen der Ökonomie. An die Stelle von Krieg führenden Staaten sind multinationale Unternehmen getreten, die weltweit nicht mehr Länder, sondern Märkte erobern. Aber bereits der Sprachduktus der Manager zeigt, dass Marktwirtschaft die Fortsetzung des Krieges mit anderen Mitteln ist: Es geht um Kampf und Eroberung, um Sieg oder Niederlage – und das »Fußvolk« des geschlagenen Gegners verliert zwar nicht mehr sein Leben, aber zumindest den Arbeitsplatz und nicht selten die Existenzgrundlage.

Wer heute nicht auf der Sonnenseite dieser Gesellschaft aufwächst, etwa als ausersehener Erbe eines auskömmlichen Familienvermögens, hat allen Grund, sich für seine oder ihre Bewährungsprobe auf den modernen Kriegsschauplätzen sorgfältig vorzubereiten. Warum leisten unsere Schulen den Kindern gerade auf diesem Gebiet so wenig Hilfestellung? Warum ächten sie just die Eigenschaften, ohne die weder Jungen noch Mädchen später im Berufsleben wirklich erfolgreich sein können und die doch zur menschlichen Grundausstattung gehören – und nicht etwa ins Gruselkabinett der Kriminalpathologie?

Schon ein flüchtiger Blick etwa nach Nordamerika zeigt, dass andere Gesellschaften mit der Aggressivität weit weniger verdeckt und verschämt umgehen als die unsere. Ich plädiere nicht etwa dafür, den Besitz von Schusswaffen nach US-Vorbild freizugeben. Aber ich trete dafür ein, dass wir auch in Deutschland erkennen und anerkennen, was sich mit guten Gründen nicht leugnen lässt: Aggressive Energien sind so etwas wie der Treibstoff jedes einzelnen Menschen und unserer gesamten Gesellschaft, ihrer ökonomischen, aber auch der kulturellen Hemisphäre. Wie andere Energien auch können sie die (soziale) Umwelt belasten, wenn wir nicht die nötigen Vorkehrungen treffen. Aber sie sind zugleich die Voraussetzung für allen Fortschritt, für jedes große Kunstwerk, für alle kühnen Pioniertaten ebenso wie für die Bewältigung unserer alltäglichen Probleme und Aufgaben.

Wofür soll es gut sein, dass in unserer Gesellschaft Gewalt und Aggressivität so sehr verrätselt und ihr »Ausbrechen« zur krankhaften Ausnahme erklärt werden – obwohl doch in weiten Teilen der restlichen Welt und in sämtlichen Epochen der Vergangenheit Gewaltausübung jeder Grausamkeitsstufe die tagtägliche Realität war und ist? »Es ist die größte Macht«, sagt der Literaturwissenschaftler und Sozialforscher Jan Philipp Reemtsma, »die einem Menschen geboten werden kann, andere Körper nach Willkür zu zerstören« – wird sie ihm eingeräumt, so wird er sie mit einer gewissen Wahrscheinlichkeit auch ausüben.[53] Also müssen wir jede erdenkliche Vorkehrung treffen, damit möglichst niemand in unserer Gesellschaft eine solche Chance erhält. Aber wir müssen ebenso dafür sorgen, dass alle Bürgerinnen und Bürger ausreichend und befriedigend Gelegenheit haben, ihre aggressiven Energien in gesellschaftlich akzeptierte und für das Gemeinwesen möglichst sogar förderliche Kanäle zu lenken.

Es leuchtet ein, wie Reemtsma weiter ausführt, dass gerade die deutsche Nachkriegsgesellschaft Gewalt bis heute so rigide ächtet. Aber der Preis ist eben ein verkrampftes Verhältnis zu Aggressivität schlechthin – so als ob die aggressiven Energien, die allen Menschen innewohnen, und nicht deren missbräuchliche Kanalisierung Auschwitz ermöglicht hätten.

Wenn sich Maskulinisten für das Recht der Jungen auf ein wenig Aggressivität starkmachen, kommt meist eine Atmosphäre von Pfadfinderlager und Ritterspielen auf. Doch es geht nicht darum, Reservate für artgerechte Jungenhaltung während Pausen und Sportstunden zu schaffen – die Schüler müssen vielfältige Gelegenheiten bekommen, ihre aggressiven Energien in den Unterricht aller Fächer einzubringen und in eine quasi kämpferische Wissbegierde umzusetzen. Die Jungen nicht gleich mit Verweisen zu bestrafen, wenn sie auf dem Pausenhof mal raufen – das ist zweifellos gut und richtig. Ihnen (und den Mädchen, wenn sie das wollen!) immer wieder zwischendurch mal Gelegenheit zu »wilderen« Bewegungsspielen zu geben – auch das ist ein sinnvoller Schritt, um neben den »weiblichen« Werten und Vorlieben im Schulalltag auch den »männlichen« etwas mehr Raum zu verschaffen.

Doch letztlich muss es darum gehen, im Unterricht selbst auch einige der klassisch »männlichen« Stärken wieder zu Triebkräften erfolgreichen Lernens zu machen: Was spricht dagegen, Wettbewerbsorientierung und kämpferischen Tatendurst oder den ebenso »jungentypischen« Drang zum »einsamen« Spezialistentum für die Motivation der Schüler zu nutzen? Dann hätten die Jungen auch nicht mehr so häufig wie heute den Eindruck, dass der Schulunterricht eigentlich nur für Mädchen sei. Dann würden ihre Motivation und damit auch ihre Leistungen auf breiter Front wieder ansteigen. »Jungen haben andere Interessen als Mädchen und lernen chaotischer«, sagt auch der Pädagoge und Jungenarbeiter Olaf Jantz. »Für sie muss mehr Action dabei sein.«

Sicherlich werden sich manche Mädchen unter solchen Bedingungen weniger wohlfühlen als im sonst üblichen team- und konsensorientierten Unterricht. Aber grundsätzlich kann es ja für Kinder und Jugendliche beider Geschlechter nur von Vorteil sein, die Stärken des jeweils anderen bei sich selbst zu entwickeln. Und überdies bleibt die neuerdings wieder häufiger diskutierte Möglichkeit, in einzelnen Fächern – oder stundenweise nach Bedarf – Mädchen und Jungen getrennt zu unterrichten.

Einen derartigen Ansatz spezieller Jungenförderung bietet zum Beispiel das Projekt »Kicken und Lesen« in Baden-Württemberg, zu dem sich männliche Lesemuffel sogar freiwillig in den Sommerferien zusammenfanden. Nach wildem Fußballspiel am Vormittag widmeten sich die Schüler gemeinsam mit Begeisterung der Lektüre eines 160 Seiten langen Fußballromans. Das Ziel dieses vom Landesinstitut für Schulentwicklung initiierten Projekts ist die Entstehung eines Leseförderungsmodells, das an Schulen wie auch in der Freizeit umgesetzt werden kann.

Isaaks Erben

In seiner Ausgabe vom 7. Januar 2008 titelte der »Spiegel« reißerisch: »Junge Männer – die gefährlichste Spezies der Welt«. Das ist richtig und falsch zugleich: richtig, weil die Jungen in den Ländern unseres Kulturkreises auch heute noch von Geburt an zu »aggressivem Verhalten« erzogen werden; falsch, weil sich die aggressiven Energien eben nur dann in »gefährlicher« Gewalttätigkeit entladen, wenn sie nicht durch Erziehung und soziale Kontrolle auf akzeptable Ziele gelenkt werden.

Um zu verstehen, dass Gewalt und Aggressivität für Jungen und Männer in unserer Kultur weit wichtigere Themen sind als für Mädchen und Frauen, brauchen wir daher auch keine Biologie zu bemühen: Wer von Kindheit an durch ein Trommelfeuer unterschwelliger Botschaften auf Siegen und Erobern eingestimmt wird, bereitet sich zwangsläufig bereits in seiner Fantasie, in Spiel und Sport auf diese Aufgabe vor. Da die aggressiven Energien der Jungen im Schulsystem jedoch unterdrückt und ausgegrenzt werden, brechen sie sich außerhalb der schulischen Sphäre Bahn – etwa in einer Vorliebe für Spiele und Filme, die von heldenhaften Kriegern und Kampfritualen handeln. Zum vermeintlichen »Rätsel« wird diese Faszination der Jungen und jungen Männer erst dadurch, dass unsere Gesellschaft die Realität durch das Wunschbild einer Welt ersetzt hat, in der Aggression und Gewalt krankhafte Ausnahmen darstellen.

Für die Jungen, die Olaf Jantz in seinen Selbstbehauptungskursen trainiert, ist Gewalt dagegen weder Rätsel noch Ausnahme, sondern rauer Alltag. Sie erleben sie als Opfer von »Abzocke« und Erpressung in der Schule oder durch prügelnde Väter zu Hause – und in vielen Fällen zugleich als Täter, der Körperverletzungsdelikte begeht. Dabei werden die Jungen oftmals nur deshalb gewalttätig, weil sie nicht gelernt haben, ihre »Grenzen« anders als mit den blanken Fäusten zu verteidigen. In seinen Kursen übt Jantz daher mit den Jungen gewaltfreie Selbstbehauptungsstrategien ein. In der »Stopp-Übung« lernen sie etwa, durch Ausruf und Körpersprache auf überzeugende Weise »Bis hierher und nicht weiter« zu signalisieren – damit ein potenzieller Angreifer einlenkt, bevor die Schlägerei in Gang kommen kann.

Wie »gefährlich« junge Männer für ein Gemeinwesen werden können, das ihnen keine Gelegenheit gibt, ihre aggressiven Energien auf akzeptable Ziele zu lenken, musste die beunruhigte deutsche Öffentlichkeit gerade in der jüngsten Vergangenheit erfahren. In einem Münchner U-Bahnhof wurde im Dezember 2007 ein pensionierter Schuldirektor von einem 20-jährigen und einem 17-jährigen jungen Mann halb tot geschlagen und getreten, nachdem der Ruheständler sie aufgefordert hatte, in der U-Bahn nicht zu rauchen. Mit besonderer Empörung wurde von der Öffentlichkeit vermerkt, dass die beiden Täter aus Familien mit Migrationshintergrund stammen und der eine das am Boden liegende Opfer als »Scheißdeutschen« beschimpft habe.

Die erregte Debatte über eine angebliche Gefährdung der öffentlichen Sicherheit durch »kriminelle junge Ausländer«, die daraufhin losbrach, trägt jedoch zur Klärung oder gar Lösung des Problems wenig bei. Brutale Gewaltakte werden in Deutschland zwar häufig von jungen Männern ausgeübt – doch die große Mehrheit der männlichen Jugendlichen und jungen Männer, die wegen Körperverletzungsdelikten tatverdächtig werden, hat keinerlei Migrationshintergrund. Überdies steigt der »deutsche« Anteil an der Gewaltkriminalität, während die Quote der tatverdächtigen Migranten stetig sinkt. So ist die Gewalt, die hierzulande von Jugendlichen und jungen Erwachsenen ausgeht, zwar keineswegs eindeutig ein »Ausländerproblem«, aber desto klarer ein Männerproblem: Knapp 77 Prozent aller Tatverdächtigen zwischen 14 und 25 Jahren sind männlich.[54]

Auch an diesen Zahlen ist wenig Rätselhaftes: Fast 50 000 junge Männer verließen im Jahr 2005 ohne jeden Abschluss die Schule, fast 137 000 erreichten lediglich einen Hauptschulabschluss – und erhielten damit in vielen Fällen gleichfalls nur eine Wartenummer in den langen Schlangen der schlecht qualifizierten Arbeitsuchenden.

Der größte Teil von ihnen hätte noch vor dreißig Jahren auch ohne Abschluss oder mit einem miserablen Hauptschulzeugnis eine bescheidene Stelle als Handlanger oder Hilfsarbeiter gefunden. Doch die meisten dieser Arbeitsplätze für Ungelernte sind unterdessen nach Osteuropa, Lateinamerika oder Asien abgewandert.

Nochmals 30 Jahre zurück wären sie als Soldaten für den »Führer« in den Krieg gezogen. Damals wie heute bietet ihnen die deutsche Gesellschaft keine Gelegenheit, ihren kämpferischen Drang in produktive, sozialverträgliche Bahnen zu lenken. Im Nazireich wie auch in vorherigen kriegerischen Zeitaltern war die Folge dieser Ausgrenzung allerdings durchaus erwünscht: Wenn die aggressiven Energien keine »edleren« Ziele finden, dann richten sie sich auf das, was Jan Philipp Reemtsma die »Zerstörung der Körper« nennt. Anders als zu Kaisers oder »Führers« Zeiten handelt es sich jedoch heutzutage um einen unerwünschten Effekt: Unglücklicherweise haben wir vergessen, das Abraham-Programm abzuschalten, das wie seit alters her in jeder Generation neue kampfbereite »Söhne« produziert. Ihr Hass gilt den »Vätern«, die ihnen diesen soldatischen Drill eingebrockt – und nun keine Verwendung mehr für sie haben, ja sie auch noch für ihr aggressives Auftreten zur Rede stellen und bestrafen wollen. Insofern entbehrt es nicht der makabren Logik, dass der alte Mann, der im Münchner U-Bahnhof von den beiden jungen Männern brutal zusammengeschlagen wurde, ein pensionierter Lehrer war.

In den Medien hieß es, Serkan A., der Hauptakteur des Münchner Täterduos, sei von seinem türkischstämmigen Vater in seiner Kindheit so schwer misshandelt worden, dass er zwischenzeitlich in einem Heim untergebracht werden musste. Später sei die Mutter mit den Kindern vor dem prügelnden Familienpatriarchen ins Frauenhaus geflohen, und der Vater sei vor Jahren schon in die Türkei zurückgekehrt. Deutsche Politiker beeilten sich daraufhin zu erklären, dass junge männliche Ausländer deshalb so gewalttätig seien, weil sie in gewaltgeprägten Familien aufgewachsen seien – im Gegensatz zu deutschen Jugendlichen, wie sich das Publikum wohl hinzudenken sollte.

Die These ist keineswegs von der Hand zu weisen – nur lässt sich auch innerfamiliäre Gewalt beileibe nicht zum »Ausländerproblem« reduzieren. Von den despotischen Migrantenpatriarchen, die zu Hause mit eiserner Hand Frau und Kinder knechten, distanzieren sich deutsche Politiker so geflissentlich, als wollten sie vergessen machen, wie selbstverständlich auch in gut deutschen Familien noch in jüngster Vergangenheit geohrfeigt und geprügelt wurde. Seit väterliche Gewaltorgien, wie Serkan A. sie als Junge erdulden musste, hierzulande unüblich wurden, sind historisch gesehen allenfalls ein paar Augenblicke vergangen – wenn überhaupt:

- Nach Angaben des Bundeskriminalamts ist die Zahl der Kindesmisshandlungen von 1996 bis 2005 um 50 Prozent gestiegen. Allein 2005 wurden 2916 Fälle angezeigt – nach Expertenschätzungen liegt die Dunkelziffer zehn- bis zwanzigmal höher.
- Die körperliche Misshandlung der »eigenen« Kinder ist in Deutschland zwar gesetzlich verboten; jedoch wurden auch in den Neunzigerjahren jährlich mehrere Tausend Fälle schwerer körperlicher Misshandlung von Kindern durch ihre Eltern – meist die Väter – ge-

meldet. Weit überwiegend findet die Erziehung mit Stock und Fäusten aber hinter verschlossenen Türen statt: Experten gehen davon aus, dass die Hälfte bis ein Drittel aller Eltern hierzulande ihre Kinder körperlich strafen – »zehn bis fünfzehn Prozent häufiger auch schwer«.[55] Opfer von Misshandlungen sind überwiegend Jungen, während Mädchen häufiger Opfer von sexuellem Missbrauch werden.

- Nach Angaben von UNICEF sterben in der Bundesrepublik pro Woche zwei bis drei Kinder an den Folgen von Misshandlung oder Vernachlässigung.[56]
- Kindesmissbrauch kommt in allen sozialen Schichten in gleichmäßiger Verteilung vor; Unterschichtsväter misshandeln ihre Kinder eher körperlich, während Kinder aus besser gestellten Familien häufiger unter seelischen Verletzungen durch ihre Eltern leiden. Ebenso werden Kinder aus sozial benachteiligten Familien öfter durch körperliche Vernachlässigung beeinträchtigt, während Experten bei immer mehr Kindern aus Mittel- und Oberschichtshaushalten mittlerweile eine »Wohlstandsverwahrlosung« diagnostizieren: körperlich wohlgenährt, doch seelisch vereinsamt und desorientiert.

Die tröstliche Illusion, dass Gewalt gegen Kinder hierzulande ein reines Unterschichten- oder, noch besser, ein »Ausländerproblem« sei, hält den Fakten also bei Weitem nicht stand. Die Koalition zulasten aller Söhne im Deutschland des 21. Jahrhunderts besteht auf der einen Seite aus jenen Familienvätern, die – ob nun durch Prügelstrafe oder subtilere, oftmals unbewusst angewandte Drillmethoden – die Persönlichkeitsentwicklung ihrer

Söhne behindern. Die Koalitionäre auf der anderen Seite sind die Bildungspolitiker, Erzieher, Lehrer (Männer wie Frauen), die von diesen Jungen genau die Fertigkeiten und Interessen verlangen, die ihnen von den Vätern ausgetrieben worden sind – und die Stärken und Eigenschaften negativ bewerten, bestrafen oder sogar pathologisieren, die den Jungen außerhalb unserer Erziehungs- und Bildungseinrichtungen allerorten vermittelt werden.

Diese Koalition ist zweifellos ungewollt, aber sie erzielt im Prinzip denselben Effekt, den schon die Kämpferschulen in Sparta, die römischen Patrizier oder die kriegerischen Lehnsherren des Mittelalters bezweckten: Die Jungen werden von »verweichlichender« Erziehung und Bildung ausgeschlossen; je vollkommener dieser Ausschluss, desto stärker werden ihre aggressiven Energien auf die einzigen Ziele hin ausgerichtet, die ihnen erreichbar sind: Gewalttaten, um das Gefühl der eigenen Ohnmacht zu betäuben.

Der »Sohn«, der auf diese grausame Weise den »Vater« tötet, wie es Serkan A. kurz vor Weihnachten 2007 beinahe getan hätte, begeht gewiss eine abscheuliche, nicht zu rechtfertigende Tat. Sein Hass galt dem »symbolischen Vater«, seine Schläge und Tritte aber trafen einen einzelnen »realen Vater«, der das Pech hatte, zur falschen Zeit am falschen Ort zu sein – und der sich als Verkörperung von »Vater Staat« sozusagen aufdrängte, indem er die beiden jungen Männer ermahnte, die öffentliche Ordnung in deutschen U-Bahnen zu wahren.

Serkan A. kennt die Geschichte von Isaak und Abraham wahrscheinlich nicht. Mir kam angesichts der Bilder von der Gewalttat im U-Bahnhof eine Szene in den Sinn, die sich am Anfängen unserer Kultur *nicht* abgespielt hat, die aber seit damals immer wieder mal in der Luft liegt: Isaak, wie er vom Opferaltar aufspringt und stattdessen Vater Abraham niederschlägt.

Bildungs- und Berufswelt vernetzen

Wir müssen uns dringend um eine bessere Balance und Vernetzung zwischen den beiden Hemisphären unserer Gesellschaft kümmern – dem Kultur-, Betreuungs- und Bildungssektor auf der einen, der Wirtschafts- und Arbeitswelt auf der anderen Seite. Unsere Schulen sind mittlerweile zu einseitig »weiblich« orientiert, was die dort vermittelten Werte und Bildungsinhalte ebenso wie die geförderten und geforderten Eigenschaften, Fertigkeiten und Verhaltensweisen angeht. Die Wirtschaft dagegen ist noch immer fast ausschließlich von traditionell »männlichen« Normen und Stärken geprägt. Und die Vernetzung zwischen beiden Hälften ist schlichtweg miserabel.

In unserem jetzigen Schulsystem

- qualifizieren sich mehr Mädchen als Jungen für höhere berufliche Positionen, ziehen sich jedoch spätestens mit 35 Jahren mehrheitlich wieder zurück – wohl nicht von ungefähr im kritischen Gebäralter, aber offenbar auch ernüchtert von »männlichen« Bedingungen wie Wettbewerbsdruck und Erfolgsfixierung;
- werden die Jungen für herkömmlich maskuline Verhaltensweisen bestraft und bei der Entwicklung einer zeitgemäß männlichen Persönlichkeit ebenso wie (gemeinsam mit den Mädchen) beim Erlernen von technischen oder IT-Fertigkeiten weithin allein gelassen, obwohl all diese Faktoren für ihre späteren Berufs- und Lebenschancen entscheidend sind.

Es wird also höchste Zeit, dass unsere Gesellschaft ihre »männliche« und »weibliche Hirnhälfte« entschieden besser miteinander verdrahtet.

Vorwärts mit 16 Jungenstärken

Bereits im Jahr 2001 haben die Pädagogen Gunter Neubauer und Reinhard Winter vom Tübinger Sozialwissenschaftlichen Institut SOWIT unter dem Titel »Dies *und* Das!« erstmals ihr pädagogisches Konzept »balanciertes Junge- und Mannsein« vorgestellt.[57] Sie gehen – kurz gesagt – davon aus, dass Jungen mit »balancierter«, harmonisch entfalteter Persönlichkeit sowohl über traditionell männliche Stärken als auch über deren jeweilige Gegenstücke verfügen sollten, die im Allgemeinen als weiblich angesehen werden. Anders als die antisexistische Pädagogik wollen die Balancepädagogen also bei ihrer Jungenarbeit »stark entwickelte« Eigenschaften nicht unterdrücken, sondern um ihren jeweiligen Gegenpol ergänzen.

Man kann sich dieses Modell am besten im Bild eines Baums mit achtstufigem Astwerk vorstellen: Bei Jungen oder Männern, die eine traditionell maskuline Identität à la Abraham entwickelt haben, sind die acht Äste auf der linken Baumseite mehr oder weniger stark entwickelt – ihre Gegenstücke auf der rechten Baumseite aber sind gänzlich oder weitgehend verkümmert. Entsprechend ist der Baum nach links geneigt.

Aber das gilt umgekehrt genauso für »weibliche« Bäume: Bei ihnen sind die Äste auf der rechten Seite meist gut entwickelt, die auf der linken dagegen eher verkümmert – und der Baum wächst nach rechts gebeugt statt in die Höhe. Da der Persönlichkeitsschwerpunkt im Allgemeinen auf der für das eigene Geschlecht typischen Seite liegt, werden die Äste beider Baumhälften sich wohl kaum jemals gleichmäßig entwickeln lassen. Aber dem allzu einseitigen Wachstum kann man entgegenwirken – nicht indem man die stark entwickelten Äste zurückschneidet, sondern indem man die kümmerlichen Triebe auf der anderen Seite gezielt fördert.

Was sind nun die *starken* Äste auf beiden Seiten des Baums? Die Autoren des Balancemodells sahen sich zunächst dem Problem gegenüber, dass in der gegenwärtigen Pädagogik mehr oder weniger nur »weibliche« Fähigkeiten und Eigenschaften mit positiven Vorzeichen versehen werden – die traditionell »männlichen« Stärken dagegen wertet gerade die antisexistische Pädagogik überwiegend negativ.

Was ist an Jungen stark und positiv? Eine Umfrage für eine Studie im Auftrag der Bundeszentrale für gesundheitliche Aufklärung erbrachte erschreckende Resultate: Von den befragten Experten und Praktikern aus den Bereichen Kindergarten und Schule, Beratung und Jugendarbeit sowie Medizin einschließlich der Psychiater hatte kaum jemand eine Vorstellung von »gelingendem Jungesein«. Auch bei intensiverer Nachfrage konnten die meisten Interviewpartner »nur Negatives« nennen.[58]

Auch im eigenen Umfeld kann man sich davon überzeugen, dass viele Erwachsene »Jungesein« nur noch negativ zu bestimmen vermögen: Jungen sollen nicht laut sein, nicht aggressiv, nicht sexistisch, nicht prahlerisch und so weiter. Wie will man aber Jungen fördern und erziehen, wenn man gar keine Vorstellungen davon hat, wohin die Reise gehen soll?

Eine Pädagogik, die die traditionell männlichen Eigenschaften und Verhaltensweisen in Bausch und Bogen ablehnt und die Jungen stattdessen zu einseitig »weiblichem« Betragen bekehren will, wird zwangsläufig scheitern – dies hat auch die anfangs dieses Kapitels angeführte Studie aus dem Kindergarten gezeigt. Die Tübinger Jungenarbeiter hatten jedoch andererseits nicht die Absicht, im Stil der »Maskulinisten« vorgestrige Männlichkeitsbilder wiederzubeleben. Stattdessen befragten sie Männer und Frauen, was nach ihrer Ansicht typisch männliche Eigenschaften seien. Diese Einschätzungen, die vielfach wiederum negativ formuliert waren, fassten sie in einem weiteren Schritt so zusammen, dass eine Liste von acht Begriffen entstand, die potenzielle »Stärken« möglichst wertneutral benennen sollen. Beispielsweise filterten sie aus den Interviews die Einschätzungen heraus, dass Männer typischerweise »distanziert«, »ausschließend«, »desintegriert« und »Einzelgänger« seien – und bündelten diese Attribute in dem Begriff »Konzentration«.

Die linke Seite des »Baums« besteht nun aus traditionellen männlichen Kompetenzen – aber erst zusammen mit den komplementären Aspekten auf der rechten Seite ergeben sie eine reichhaltige, harmonisch entfaltete männliche Persönlichkeit:

- *Konzentration – Integration:* Jungen und Männer können kritische Distanz gewinnen und eigenständig entscheiden – aber sie können sich auch in eine Gruppe einfügen, Zugehörigkeit entwickeln und Verantwortung übernehmen;
- *Aktivität – Reflexivität:* Jungen und Männer können die Initiative ergreifen und entschlossen handeln – und sie können ihre Aktionen hinterfragen, ihre Erfahrungen einordnen;

- *Präsentation – Selbstbezug:* Jungen und Männer können sich selbst darstellen und effektvoll inszenieren – aber sie sind sich ihrer Stärken und Schwächen auch bewusst;
- *kulturelle Lösung – kulturelle Bindung:* Jungen und Männer können sich von Traditionen und vorgegebenen Verhaltensabläufen lösen und eigene Strategien entwickeln – und sie können die Berechtigung von Vereinbarungen und die Gültigkeit bestehender Regeln und Strukturen akzeptieren;
- *Leistung – Entspannung:* Jungen und Männer können ihre mentalen und körperlichen Ressourcen gezielt und notfalls bis zum Äußersten nutzen, sie können bis an ihre Grenzen gehen – und sie können sich selbst mentale und körperliche Erholung zugestehen;
- *Heterosozialer Bezug – homosozialer Bezug:* Jungen und Männer können intensive und authentische Beziehungen zu Mädchen und Frauen entwickeln – und ebenso zu Menschen ihres eigenen Geschlechts;
- *Konflikt – Schutz:* Jungen und Männer sind imstande, sich mit anderen auseinanderzusetzen und eine Konfrontation durchzustehen – und sie können sich gegenüber sich selbst und anderen fürsorglich verhalten;
- *Stärke – Begrenztheit:* Jungen und Männer sind selbstbewusst, sie kennen ihre Kräfte und können produktiv mit ihnen umgehen – und sie sind gleichzeitig imstande, eigene und fremde Grenzen wahrzunehmen und zu respektieren.[59]

Auch wenn die Begriffspaare – absichtlich und unvermeidlich – vieldeutig sind, lassen sie sich nach den Erfahrungen der Tübinger Pädagogen in der Jungenarbeit leicht konkretisieren. Wie eine »Wippe« sollen sie jeweils funktionieren. Beispielsweise sollte ein Junge mit stark entwickeltem Leistungsvermögen *zusätzlich* die Fähigkeit zur Entspannung und Regeneration herausbilden: War der Leistungsaspekt bis dahin überentwickelt, so wird er durch seinen Komplementäraspekt aufs rechte Maß zurückgeführt und ausbalanciert – aber »Leistung« selbst bleibt gleichwohl eine erwünschte Fertigkeit, die nicht etwa unterdrückt werden soll.

Das Gleiche gilt beispielsweise für die Fähigkeiten, selbstbewusst aufzutreten, allein zu entscheiden oder in Konflikten nicht gleich zurückzuweichen: Dies alles sind Stärken, die nicht reduziert oder pauschal abgewertet werden sollen – nur müssen sie eben mit ihren jeweiligen Komplementäraspekten ins Gleichgewicht gebracht werden.

Schulen ausbalancieren

Das Variablenmodell lässt sich nicht nur im Hinblick auf einzelne Personen einsetzen. Die Tübinger Forscher verwenden ihr Konzept überdies, um zu analysieren, wie es um die innere Balance von Institutionen bestellt ist – beispielsweise von Kindergärten, Schulen oder Jugendzentren. Auch auf dieser Ebene erweist sich der Balance-Test als äußerst aufschlussreich. Betrachtet man einzelne Einrichtungen aus dieser Perspektive, so zeigt sich in aller Regel sofort, dass die rechte Seite des Aspekte-Baums deutlich überentwickelt ist: Kompetenzen wie »Integration« oder »Reflexivität«, »Schutz« oder »Begrenztheit« werden gefördert und belohnt – doch »Konzentration«, »Aktivität«, »Stärke« oder »Konflikt« kommen zu kurz oder nur als unerwünschte Einstellungen im Schulalltag vor.

Jungenarbeiter, die für eine Renaissance traditioneller Männlichkeit in der Jugendpädagogik eintreten, fordern seit Längerem, dass in Ganztagsschulen oder Jugendzentren beispielsweise auch »Krafträume« eingerichtet werden sollten. Ob allerdings staatlich gefördertes Muskeltraining einen Ausweg aus der Jungenkrise weist, wage ich zu bezweifeln – anstatt den Jungen Maschinen und Gewichte zur Verfügung zu stellen, damit sie sich dem archaischen Kämpfertypus auch körperlich angleichen können, sollten wir ihnen lieber Gelegenheit geben, sich in zeitgemäßen Kampfdisziplinen zu üben.

Konzentration bzw. Präsentation: Neue Wissensgebiete werden an unseren Schulen häufig durch Gruppenarbeit erschlossen; abschließend stellen die Mitglieder das Erarbeitete gemeinschaftlich vor. Hierdurch werden Kooperations- und Teamfähigkeit der Schülerinnen und Schüler gefördert, was zweifellos lobenswert ist. Aber auch die komplementären Stärken sind förderungswürdig – und das nicht nur, weil sie später für den beruflichen Erfolg nützlich sind: Viele Jungen lieben es, Wissensgebiete allein zu »erobern« und ihr »Expertenwissen« in monologischem Vortrag zu präsentieren – was spricht dagegen, diese Lern- und Darbietungsform als eine unter mehreren gerade in Unterrichtsfächern wie Deutsch oder Geschichte einzusetzen, für die Jungen oftmals schwer zu motivieren sind?

Aktivität bzw. Konflikt: Es ist gut und richtig, dass Jungen ebenso wie Mädchen in unseren Schulen lernen, solidarisch und kompromissorientiert zusammenzuarbeiten. Wenn nicht jeder die Ellbogen ausfährt, sondern alle sich gegenseitig unterstützen, wird neben dem Lernstoff auch gemeinschaftsdienliches Verhalten eingeübt. Aber: Nicht weniger wichtig ist es für die Schüler, sich bei speziellen Projekten auch einmal in Wettbewerbssituationen zu erproben, in Szenarien, bei denen es auf Einzelinitiative, Mut zur Entscheidung oder auf das Stehvermögen in einem Interessenkonflikt ankommt. Viele Jungen sind begeisterte Wettkämpfer, ihre Motivation steigt sofort auf Rekordniveau, wenn es gilt, sich mit anderen zu messen. Auch »Disziplin« im von Bernhard Bueb angemahnten Sinn können die Wettbewerbsteilnehmer spielerisch einüben: »Disziplin nicht verstanden als Unterwerfung«, wie mir Bueb im Gespräch erläuterte, »sondern als Unterordnung um der Sache willen – einem Trainer oder Spielleiter.« Dabei kommt es gar nicht darauf an, überall und immer ganz vorne zu sein: Jeder hat seine speziellen Stärken, Interessen- und Wissensgebiete – und gerade durch Wettkämpfe in »Spezialdisziplinen« lernen die Jungen, sich selbst und andere innerhalb der Gruppe einzuordnen.

Kulturelle Lösung: Viele Jungen sind »aus Prinzip« von allem Neuen, Unbekannten, Herausfordernden begeistert – das Altbekannte ist ihnen oft eher suspekt. Aus unseren kulturellen Traditionen herausspringen können sie ohnehin nicht, schon gar nicht in der Schule – aber was spricht dagegen, Unterrichts*inhalte* nicht nur auf Vergangenheit und Tradition (Geschichte, Literatur, alte Künste), sondern stärker als bisher auch auf Gegenwart und Zukunft (neue Erfindungen, kreativer Umgang mit Zukunftstechnologien) auszurichten und ebenso bei den Unterrichts*formen* dem Neuen (PC, E-Learning, IT-Medien) neben dem übermächtigen Alten (Schrift, Buch) Raum zu geben? Für das Erlernen einer Fremdsprache kann es hilfreich sein, einen literarischen Text aus dem 19. Jahrhundert zu lesen – aber ebenso, dass die Schüler den Auftrag bekommen, über das Internet bestimmte Informationen in der betreffenden Sprache zu recherchieren.

Die beamtete, überalterte, mehrheitlich IT-skeptische Lehrerschaft wird diesen Modernisierungsschub aus eigener Kraft kaum leisten können. Doch zu ihrer Verstärkung kann man freiberufliche Trainer engagieren, die in den Schulen Kurse in Programmiersprachen und Software-Anwendung und -Entwicklung anbieten – praxisorientiert, auf dem neuesten Wissensstand und von lokalen Unternehmen gesponsert.

Den Siegeszug der »neuen Medien« kann ohnehin kein Philologenverband mehr verhindern: Anstatt ohne Rücksicht auf Inhalte die digitale »Gerätenutzung« zu ächten und die »Buchnutzung« zu glorifizieren, sollten wir den Jungen lieber beibringen, wie sie diese Medien aktiv und kreativ verwenden können. Zum Abschluss dieses Kapitels hierzu noch ein ganz praktischer Vorschlag: Es wird allerhöchste Zeit, dass unser Schulsystem die Kreidezeit hinter sich lässt, also die gute alte Schiefertafel endlich durch zeitgemäße Präsentationsmedien wie etwa das »Active Board« ersetzt. Diese elektronische Tafel, die bisher erst in viel zu wenigen Schulen eingesetzt wird, kann mit einem Digitalstift von Hand beschrieben werden – und sie erlaubt ebenso, Textverarbeitung oder Tabellenkalkulation, Doku-Filme oder im Internet recherchiertes Material in das Tafelbild einzubinden. Dieses kann überdies abgespeichert und den Schülern zur weiteren Bearbeitung auf einem USB-Stick mit nach Hause gegeben werden.

Lehrer, die bisher an der schludrigen Handschrift vornehmlich ihrer männlichen Schüler verzweifelt sind, werden hocherfreut sein: Heutige Active Boards verfügen auch über Schrifterkennungssoftware mitsamt Korrekturfunktion. Die Schüler werden also ausgerechnet durch ein »neues Medium« sogar dazu motiviert, sich um leserliche

Handschrift und korrekte Schreibweise zu bemühen – nicht um bürgerlicher Schönschriftideale willen, sondern damit die Kommunikation mit der digitalen Tafel funktioniert. Das wird gerade technikbegeisterte Jungen überzeugen – und manch einem von ihnen auch die »alten« Medien näherbringen. Denn siehe da: Schrift und Text sind weder an Kreide und Schiefer noch an Papier und Druckerpresse gebunden.

IV.
Schlusswort: Die Männlichkeitslücke schließen

Fassen wir zum Abschluss die wichtigsten Ergebnisse zusammen. Wir haben ein Problem, das niemand mehr übersehen kann und darf: Jungen erreichen seltener als Mädchen gute Schulabschlüsse, und sie brechen häufiger Schule und Ausbildung ab; junge Männer sind in gering qualifizierten Jobs überproportional vertreten, und sie sind häufiger arbeitslos als gleichaltrige Frauen; Gewalt ist männlich, jung und sie nimmt zu; überdies werden Jungen erheblich häufiger krank als Mädchen. Kurzum: Ihre Misere wächst sich zu einem großen gesellschaftlichen Problem aus.

Die Gründe dafür sind vielschichtig, und sie lassen sich nur in einem Verbund aus kulturgeschichtlicher, entwicklungswissenschaftlicher, bildungspolitischer und gesellschaftlicher Betrachtung erkennen. Der Kern der Misere ist ein nicht mehr zeitgemäßes Vaterbild und Männlichkeitsverständnis, das auf den biblischen Abraham zurückgeht, der bereit war, seinen Sohn Isaak zu opfern. Tief in unserer Kultur ist noch immer die alttestamentarische Vorstellung verankert, es sei der Lebenszweck jeden Mannes, Macht und Größe seines Stammes durch Kampfesmut und Zeugungskraft zu mehren. Dass die Väter und das gesellschaftliche Leben die Söhne nach wie vor auf Abraham programmieren, hat seinen kulturellen Sinn aber längst verloren. Denn um in unseren unkriegerischen Zeiten und in der heutigen individualistischen Gesellschaft beruflich und privat erfolgreich zu sein, genügt es nicht mehr, über die einseitigen Stärken eines eroberungssüchtigen Einzelkämpfers zu verfügen. Zeitgemäße Qualitäten wie Einfühlungsvermögen, Kreativität oder Teamorientierung sind ebenso vonnöten. Die aber gelten traditionell als »weiblich« und werden den Söhnen kaum oder nur unzureichend vermittelt, weil die Väter hier selbst Defizite haben.

Vorlieben und Talente von Jungen, die mit dem klischeehaft verengten Männlichkeitsbild unvereinbar scheinen, bleiben daher meist ungefördert oder werden sogar aktiv unterdrückt. Gerade die leiblichen Väter üben bei der Erziehung ihrer Söhne vielfach starken Druck aus – und tragen so dazu bei, dass das Abraham-Programm einer gleichsam automatisierten emotionalen Zurücksetzung der Jungen von einer Generation zur nächsten vererbt wird. Das betrifft keineswegs nur die sogenannte Unterschicht und Migrantenfamilien. Und es gilt keineswegs nur für ländliche Wohngebiete, wenngleich überkommene Geschlechterrollen in der Provinz gewiss noch ungebrochener gelebt werden als in den Großstädten. Nicht selten geben selbst junge Väter aus bürgerlich-akademischem Umfeld, die sich häusliche Aufgaben mit ihren Partnerinnen musterhaft teilen, die »abrahamitische« Botschaft an ihre Söhne weiter – unbewusst zwar und gegen ihren Willen, jedoch umso wirkungsvoller, je stärker sie sich bei der Erziehung ihrer Kinder engagieren.

Nicht nur die Vorstellung, dass Söhne immer und überall dem Vorbild der Väter zu folgen hätten, erklärt sich aus unserer Kulturgeschichte. Das gleiche gilt für die christliche Gleichsetzung des »Vaters« mit dem biologischen Erzeuger »seiner« Kinder und dem Ehemann der Mutter. An der Schwelle zur Neuzeit stattete die katholische Kirche die Familienväter mit zahlreichen Aufgaben und Vorrechten gegenüber ihren Familien aus. Im Lauf der Jahrhunderte mussten sie diese Privilegien zwar weitgehend wieder an »Nebenväter« abtreten, vor allem an die Schulen; außerdem fiel im 19. Jahrhundert den Müttern der häusliche Teil der Erziehung und Unterrichtung zu, der bis dahin, zumindest bei den Söhnen, allein Sache der Väter gewesen war. Doch von der mittelalterlichen Verklärung der Familienväter zu »Abbildern Gottes« ist uns bis heute die Vorstellung geblieben, dass nur die leiblichen Erzeuger wahre Väter – und gerade für das Gedeihen ihrer Söhne von herausragender Bedeutung seien.

Als direkte Folge wachsen die meisten Jungen heutzutage ohne angemessenen väterlichen Beistand auf – entweder, weil die Erzeuger im Familienalltag kaum präsent sind, oder im Gegenteil, weil sie als engagierte Erzieher ihre Söhne zur Übernahme der altväterlichen Männlichkeitsklischees drängen. Dabei zeigen die aktuellen Erkenntnisse der Entwicklungswissenschaft, dass es von allergrößter Wichtigkeit ist, das gesamte Spektrum menschlicher Gaben und Stärken bei jedem Kind so früh und umfassend wie möglich zu fördern. Überdies müssen auch Jungen über Bezugspersonen des eigenen Geschlechts verfügen, die ihnen auf vielfältige Weise vorleben, wie sich unterschiedliche Stärken und Begabungen in heutige männliche Selbstbilder und Lebensentwürfe integrieren lassen – auch dann, wenn einige dieser Vorlieben oder Eigenschaften früher einmal als typisch weiblich galten.

Die Vertiefung in die Kulturgeschichte des Vater-Sohn-Verhältnisses und in aktuelle Forschungsergebnisse fördert also zutage, dass wir es mit einem Vaterversagen auf breiter Front zu tun haben. Die Leidtragenden sind die Söhne, die mit einem Männlichkeitsbild aufwachsen, das heute ihren Erfolg hemmt und sie auf die Verliererstraße führt.

Das Unterstützungsprogramm für unsere Jungen

Die Lösung dieser Probleme unserer Jungen muss hauptsächlich an zwei Punkten ansetzen, die ich in diesem Buch vorgestellt habe und hier zusammenfasse.

Erstens: Es genügt nicht, immer wieder das mangelnde Engagement der Väter zu beklagen. Vielmehr wird es höchste Zeit, dass wir ein zeitgemäßes Verständnis von guter Vaterschaft entwickeln. Daher dürfen wir unsere Jungen nicht mehr ohne männliche Modelle groß werden lassen, die ich »Fördeväter« nenne: jüngere Männer bevorzugt mit selbstständigen Lebensentwürfen und kreativen Berufen, die den Jungen durch ihr konkretes Beispiel zeigen, wie moderne, vielseitige Männer heute sein können. Nämlich kämpferisch *und* liebevoll, Technikfreaks *und* Träumer, kaltblütig *und* emotional – keine unbesiegbaren Helden jedenfalls, sondern Menschen mit Stärken und Schwächen, die auch Niederlagen erleiden und verarbeiten können.

Zweitens: Eine entscheidende Ursache für die Krise der Jungen liegt in unserem Erziehungs- und Bildungssystem. Dieser »öffentliche Nebenvater« ist mittlerweile viel zu einseitig an traditionell weiblichen Stärken und Vorlieben ausgerichtet. Dagegen werden herkömmlich männliche Interessen in Vorschule und Unterricht so gut wie nicht berücksichtigt und typisch maskuline Verhaltensweisen von Erzieher- und Lehrerschaft negativ bewertet. Außerdem sind die Schulen in Lehrinhalten und Methoden zu einseitig auf die Vergangenheit fixiert.

Um das Problem an der Wurzel zu packen, schlage ich folgendes Acht-Punkte-Unterstützungsprogramm für unsere Jungen vor:

1. Eltern ebenso wie alleinerziehende Elternteile müssen sich um Förderväter für ihre Söhne bereits im Vorschulalter bemühen. Als Modelle und Mentoren des eigenen Geschlechts können die Förderväter den Jungen wirkungsvoll helfen, gerade die Seiten ihrer Persönlichkeit zu entdecken, die vom Abraham-Programm unterdrückt werden. Hierfür müssen lokale Initiativen ins Leben gerufen werden, die die Vermittlung jeweils geeigneter Förderväter organisieren.
   Eine breite gesellschaftliche Debatte ist erforderlich, um unsere Vorstellungen von guter, zeitgemäßer Vaterschaft voranzubringen – und auch der Gesetzgeber ist in diesem Zusammenhang gefragt: Die väterliche Seite des elterlichen Sorgerechts muss so weiterentwickelt werden, dass die Förderväter bei der Erziehung, dem Bildungsweg oder der gezielten Förderung einzelner Talente ihrer Fördersöhne tatsächlich mitbestimmen können – im Zweifelsfall auch gegen den Willen uneinsichtiger Erzeuger, die ihren

Söhnen den alten »abrahamitischen« Drill aufzwingen wollen.

2. In unseren Kindergärten und Schulen müssen auch traditionell männliche Eigenschaften und Vorlieben wieder ihren Ort finden. Es reicht nicht aus, wenn allein herkömmlich weibliche Stärken und Interessen wie Konsens- und Teamorientierung gefördert und positiv bewertet werden – das Gleiche muss für typisch männliche Stärken wie Selbstpräsentation oder Konfliktfähigkeit gelten. Die sind in der Arbeitswelt ohnehin nach wie vor sehr gefragt – von mehr Wettbewerbsorientierung im Unterricht werden also auch die Mädchen profitieren.
3. Auch in Krippen, Kindergärten und Schulen brauchen wir mehr Männer, die den Jungen helfen können, eine zeitgemäße Männlichkeit zu entwickeln. Allerdings genügt es nicht, einfach die Männerquote zu erhöhen – vielmehr brauchen wir Erzieher und Lehrer, die den Jungen vorleben, dass Männer auch solche Stärken und Interessen entwickeln können und sollen, die früher einmal als weiblich galten.
4. Die Ausbildung der Erzieher/-innen und der Betreuungsschlüssel müssen auf skandinavisches Niveau gehoben werden. Auch die Vergütung des Personals muss deutlich steigen, damit der Erzieherberuf an sozialem Ansehen gewinnt und für einkommensbewusste männliche Berufsanfänger attraktiv wird.
5. Es ist es überdies zwingend erforderlich, ein öffentliches Krippensystem für alle Kinder spätestens ab dem zweiten Lebensjahr einzuführen.
6. In unserem Bildungssystem dürfen nicht länger hauptsächlich Werte und Werke vergangener Zeiten vermit-

telt werden – die Schulen müssen sich sehr viel mehr als bisher der Gegenwart zuwenden und für die Erfordernisse und Möglichkeiten der Zukunft öffnen. Das gilt insbesondere für die einseitige Bevorzugung erzählender Schriftwerke aus der Goethezeit: Die digitalen Medien der Gegenwart mit ihren multimedialen und interaktiven Darstellungs- und Kommunikationsmöglichkeiten müssen den gleichen Stellenwert erhalten, und gerade im Deutschunterricht sollten Sachdarstellungen mit grafischen Komponenten, heutigen Themen und zeitgemäßem Vokabular gleichrangig berücksichtigt werden. Auf diese Weise wird auch die Vernetzung unseres Bildungssystems mit der sozialen Realität der Arbeitswelt verbessert. Hiervon werden nicht nur die Jungen, sondern ebenso die Mädchen profitieren: Die bekommen zwar häufig die besseren Noten, aber noch immer die schlechter bezahlten Jobs.

7. Bei den Hauptschulen hierzulande hilft auch kein Reformieren – die gehören sofort und vollständig abgeschafft. Es ist zynisch und verantwortungslos, die überwiegend männlichen Schüler eine Bildungslaufbahn absolvieren zu lassen, die geradewegs in die Erwerbslosigkeit führt, weil Jobs dieses Niveaus längst in Niedriglohnländer abgewandert sind.
8. Für die reformfähigen Schulformen bietet sich das balancepädagogische Konzept der Tübinger Wissenschaftler Winter und Neubauer an. Beim Ausgleich zwischen traditionellen männlichen und weiblichen Aspekten hat es sich bereits vielfach in der Praxis bewährt. Seine Urheber gehen davon aus, dass typisch maskuline Stärken, etwa die Fähigkeit, eine Konfrontation durchzustehen, grundsätzlich genauso positive

Eigenschaften sind wie etwa die »feminine« Neigung zu Konsens und Kompromiss. Um ihre umfassende Persönlichkeitsentwicklung zu fördern, sollten Lehrer ihren Schützlingen also helfen, jeweils die Seite zu entfalten, die bei ihnen noch unterentwickelt ist – jedoch ohne deren bereits stark entwickeltes Gegenstück negativ zu bewerten oder zurückzudrängen.

Durch dieses Maßnahmenbündel können wir unseren Jungen helfen, die Orientierung zurückzugewinnen, die viel zu viele von ihnen in den letzten Jahren verloren haben – gefangen in der Männlichkeitslücke zwischen Machoposen und kooperativer Gruppenarbeit in der Schule, zwischen gestrigen Heldenschablonen und unserer heutigen, so viel komplexeren Realität. Zu ihrem eigenen Besten und mit unserer konkreten Unterstützung müssen sie lernen, Qualitäten wie Empathie, Emotionalität oder Kreativität zuzulassen und in ihr Selbstbild zu integrieren. Das bedeutet jedoch keineswegs, dass sich diese Fähigkeiten bei ihnen in der gleichen Weise darstellen müssten, die von Mädchen oft bevorzugt wird. Welche neuen Ausdrucksformen Jungen für die »weicheren«, »bunten« Seiten ihrer Persönlichkeit finden, wird eine hoffentlich nahe Zukunft zeigen – ein »post-abrahamitisches« Zeitalter, in dem auch Jungen und Männer alle Facetten des menschlichen Persönlichkeitsspektrums leben dürfen, ohne deshalb als »weibisch« zu gelten.

Gewalt und Krankheit, schlechtere Schulabschlüsse und mehr Arbeitslosigkeit: Wir müssen endlich die Männlichkeitslücke schließen – um unserer Jungen willen und um den friedlichen Zusammenhalt in unserer Gesellschaft nicht zu gefährden.

Danksagung

Mein Dank gilt allen, die mir bei der Entstehung dieses Buches beigestanden haben – insbesondere Jens Schadendorf und Verena Ludorff für ihr engagiertes Lektorat.

Ausgewählte Leseempfehlungen

Walter Bien u. a. (Hrsg.), Wer betreut Deutschlands Kinder, Die DJI-Kinderbetreuungsstudie, Weinheim und Basel 2006.

Margarete Blank-Mathieu, Jungen im Kindergarten, Frankfurt am Main 2006.

Margarete Blank-Mathieu, Sozialisation, Selbstkonzept und Entwicklung der Geschlechtsidentität bei Jungen im Vorschulalter, Dissertation, Tübingen 2001 (deposit.ddb.de/cgi-bin/dokserv?idn= 964073803).

Bundesministerium für Bildung und Forschung (2007), Bildungs(Miss)erfolge von Jungen und Berufswahlverhalten bei Jungen/männlichen Jugendlichen (www.bmbf.de/pub/Bildungsmisserfolg.pdf).

Bundesministerium für Bildung und Forschung (2006), Neue Wege für Jungs (www.neue-wege-fuer-jungs.de).

Barbara Drinck, Vatertheorien, Geschichte und Perspektive, Opladen 2005.

Wassilo E. Fthenakis, Väter, 2 Bände, München 1985.

Olaf Jantz/Susanne Brandes, Geschlechtsbezogene Pädagogik an Grundschulen, Wiesbaden 2006.

Yvonne Knibiehler, Geschichte der Väter, Eine kultur- und sozialhistorische Spurensuche, Freiburg i. Br. 1996.

Marga Kreckel, Macht der Väter – Krankheit der Söhne, Halle a. d. S. 2004.

MANN.dat, Jungen und Männer in Deutschland 2007 (manndat.de/fileadmin/Dokumente/Studie_Jun_Man/JunManStudie20072.pdf).

Alexander Miró, Der Einfluss des Vaters auf die Geschlechtsentwicklung des Kindes, Saarbrücken 2007.

Alexander Mitscherlich, Auf dem Weg zur vaterlosen Gesellschaft, Weinheim u. a. 2003.

Gunter Neubauer / Reinhard Winter, Dies *und* das! – das Variablenmodell »balanciertes Junge- und Mannsein«, Tübingen 2001.

Petermann/Niebank/Scheithauer, Entwicklungswissenschaft, Heidelberg 2004.

Hermann Schulz u. a. (Hrsg.), Söhne ohne Väter, Erfahrungen der Kriegsgeneration, Berlin 2007.

Kornelia Steinhardt u. a. (Hrsg.), Die Bedeutung des Vaters in der frühen Kindheit, Gießen 2002.

Benedikt Sturzenhecker/Reinhard Winter (Hrsg.), Praxis der Jungenarbeit, Weinheim und München 2006.

Luigi Zoja, Das Verschwinden der Väter, Düsseldorf, Zürich 2002.

Anmerkungen

Einleitung

1 Bundesministerium für Bildung und Forschung (2006).
2 Statistisches Jahrbuch 2006/DJI-Jungenbericht 2007.
3 LWV Württemberg-Hohenzollern, Jungen und Gesundheit 1998/G. Neubauer: Jungengesundheit und Aspekte einer jungenbezogenen Gesundheitsförderung, Blickpunkt DER MANN 2003/MANNdat: Jungen und Männer in Deutschland 2007.
4 Jugendstrafrecht, Delinquenz und Normorientierung Jugendlicher, Diss. HH 2002/ Bundesverband der Unfallkassen: Gewalt an Schulen, 2005/Polizeiliche Kriminalstatistik 2006.

I.

1 In ihrem Buch »Macht der Väter – Krankheit der Söhne« (Halle a. d. S. 2004) untersucht Marga Kreckel die Vaterrolle des biblischen Abraham aus psychoanalytischer Sicht.
2 Vgl. Wassilos E. Fthenakis, Väter, Band 1, München 1988, S. 86.
3 Vgl. Barbara Drinck, Vatertheorien. Geschichte und Perspektive, Opladen 2005, S. 9.
4 Lloyd deMause, Hört ihr die Kinder weinen. Eine psychogenetische Geschichte der Kindheit, Frankfurt am Main 1977, S. 7.
5 Vgl. Drinck, S. 12.
6 Vgl. Luigi Zoja, Das Verschwinden der Väter, Düsseldorf/Zürich 2002, S. 153.
7 Zit. n. Shulamith Shahar, Kindheit im Mittelalter, Düsseldorf 2004, S. 271.
8 Yvonne Knibiehler, Geschichte der Väter. Eine kultur- und sozialhistorische Spurensuche, Freiburg 1996, S. 168.
9 Knibiehler, S. 170.
10 Vgl. Drinck, S. 17.
11 Zit. n. Drinck, S. 44.
12 Zoja, S. 170f.
13 Zit. n. Hermann Schulz u. a. (Hrsg.), Söhne ohne Väter, Erfahrungen der Kriegsgeneration, Berlin 2007, S. 149.
14 Zit. n. Drinck, S. 41.
15 Schulz u. a., S. 155f.
16 Schulz u. a., S. 115.
17 Helmut Petri, Das Drama der Vaterentbehrung, Freiburg i. Br. 2006, S. 180.
18 Zit. n. Drinck, S. 73.
19 »Der Spiegel« 23/1997.
20 »Stern« Online 1.12.2007.
21 Vgl. Drinck, S. 195.
22 Kornelia Steinhardt u. a., Die Bedeutung des Vaters in der frühen Kindheit, Gießen 2002, S. 193.
23 Knibiehler, S. 326.

II.

1 Allan Guggenbühl, Kleine Machos in der Krise, Freiburg i. Br. 2006, S. 15f.

2 Petermann / Niebank / Scheithauer: Entwicklungswissenschaft. Heidelberg 2004, S. 157.

3 Entwicklungswissenschaft, S. 145f.

4 Entwicklungswissenschaft, S. 156.

5 Jean Le Camus, Väter. Die Bedeutung des Vaters für die psychische Entwicklung des Kindes, Weinheim u. a. 2003, S. 51.

6 Entwicklungswissenschaft, S. 215

7 Margarete Blank-Mathieu, Sozialisation, Selbstkonzept und Entwicklung der Geschlechtsidentität bei Jungen im Vorschulalter. Dissertation, Tübingen 2001, S. 41 (http://deposit.ddb.de/cgi-bin/dokserv?idn=964073803).

8 De Casper/Fifer, Of human bonding: Newborns prefer their mothers' voices, Science 208/1980, S. 1174–1176.

9 Vgl. Marga Kreckel, Macht der Väter – Krankheit der Söhne, Halle a. d. S. 2004.

10 Vgl. Günter Reisbeck, Von der Krankheit Homosexualität zum Krankheitsrisiko Homosexualität, Vortrag anlässlich der Fachtagung »gleich – ganz anders«, März 2006 in München; Reimut Reiche, Der gewöhnliche Weg zur Homosexualität beim Mann, in: Bosse, Hans/ King, Vera (Hrsg.), Männlichkeitsentwürfe, Frankfurt am Main 2000, S. 178–198; Anja Meulenbelt, Für uns selbst, Frankfurt am Main, Berlin 1989).

11 Vgl. Hanns Martin Trautner, Geschlecht, Sozialisation und Identität, in: Hans-Peter Frey/ Karl Haußer (Hrsg.), Identität, Stuttgart 1987.

12 Blank-Mathieu, S. 48.

13 Wassilo E. Fthenakis, Väter, Band 1: Zur Psychologie der Vater-Kind-Beziehung, München 1988, S. 15

14 Alexander Miró, Der Einfluss des Vaters auf die Geschlechtsentwicklung des Kindes, Saarbrücken 2007, S. 51.

15 Miró, S. 41.

16 Miró, S. 24, 41, 48.

17 Le Camus, S. 31.

18 Vgl. Wallerstein, Lewis & Blaheslee, Scheidungsfolgen – Die Kinder tragen die Last, Münster 2002.

19 Le Camus, S. 51.

20 Kai von Klitzing, Jenseits des Bindungsprinzips, in: Kornelia Steinhardt, Die Bedeutung des Vaters in der frühen Kindheit, S. 93.

21 Miró, S. 62.

22 Im ZEITmagazin LEBEN Nr. 06 (31.01.2008) entwirft Anita Blasberg das eindrucksvolle Porträt eines 14-jährigen Mädchens aus dem Westberliner Kiez: Yvette ist gewalttätig, Mitglied einer Mädchen-Gang und kommt trotz ihrer Intelligenz in der Schule nicht zurecht. Die »Halbtürkin« (wie sie sich selbst voller Stolz nennt) ist mutterlos aufgewachsen, da ihre leibliche (deutsche) Mutter kurz nach der Geburt an einer Heroinspritze gestorben ist. Der Anteil junger Mädchen an der Jugendkriminalität hat sich in den letzten 15 Jahren vervierfacht, schreibt Anita Blasberg, und niemand wisse warum oder was man dagegen tun könne (http://images.zeit.de/text/2008/06/Yvette). Meiner Vermutung nach sind die Ursachen in vielen Fällen die gleichen wie bei der Krise der Jungen: Wenn Mädchen unter schwierigen sozialen Bedingungen ohne Modelle und Mentorinnen ihres Geschlechts aufwachsen, orientieren auch sie sich überwiegend an gleichaltrigen Mädchengruppen – und geraten in die gleichen Schwierigkeiten wie Jungen unter vergleichbaren Umständen.

23 Le Camus, S. 31.

24 Beim PISA-Test 2006 schnitten die deutschen Jungen allerdings im Teilbereich Mathematik erheblich besser ab als ihre Altersgenossinnen: Im Durchschnitt lagen sie 20 Punkte vor den Mädchen – während der Vorsprung der Jungen OECD-weit lediglich 11 Punkte betrug (http://www.bmbf.de/de/6624.php). Die besseren Schulnoten der Mädchen hierzulande entstehen also zumindest teilweise durch eine sachlich nicht begründete Schlechterbewertung der Jungen – darauf komme ich im dritten Kapitel ausführlich zu sprechen.

25 Siehe auch Margarete Blank-Mathieu, Jungen im Kindergarten, Frankfurt am Main 2006.

26 Bernhard Bueb, Lob der Disziplin, Berlin 2006.

III.

1 Blank-Mathieu, Sozialisation, S. 91, http://deposit.ddb.de/cgi-bin/dokserv?idn=964073803).

2 BMFB 2007, Bildungs(Miss)erfolge von Jungen und Berufswahlverhalten bei Jungen/männlichen Jugendlichen, S. 6 u. 11.

3 BMFB 2007, S. 6.

4 www.manndat.de, »Jungen in der Schule«.

5 www.eurostat.de.

6 Zit.n. www.manndat.de, »Benachteiligte Jungs – wen kümmert's?«.

7 www.manndat.de, »Jungen und Geschlechterpolitik«.

8 Guggenbühl, S. 43.

9 Götz Haindorff, Die Jungs von nebenan, Göttingen 2003.

10 Haindorff, S. 16.

11 Pamela Oberhuemer/Michaela Ulich, Kinderbetreuung in Europa, Tageseinrichtungen und pädagogisches Personal.

Eine Bestandsaufnahme in den Ländern der Europäischen Union, Weinheim/Basel 1997.

12 Martin R.Textor, Erzieher/innenberuf: Anforderungen, Ausbildung, Alternativen. In: Forum Sozial 2004, Heft 2, S. 25–27. (http://www.kindergartenpaedagogik.de/1312.html).

13 »Süddeutsche Zeitung«, 3.3.2008, S. 16.

14 www.highscope.org.

15 Birgit Fix, Kindergartenbetreuung in Frankreich, Finnland und Schweden. Kindergartenpädagogik Online-Handbuch, www.kindergartenpaedagogik.de/913.html.

16 Walter Bien et al. (Hrsg.), Wer betreut Deutschlands Kinder, Die DJI-Kinderbetreuungsstudie, Weinheim und Basel 2006, S. 113.

17 »Nachtschicht, auch für die Kleinsten«, »Süddeutsche Zeitung«, 16.07.07.

18 www.sweden.se.

19 Vgl. Fix.

20 DJI-Kinderbetreuungsstudie, S. 32.

21 Sigrid Metz-Göckel, Jungensozialisation oder Zur Geschichte der Geschlechterdifferenz aus der Perspektive einer Jungenforschung, in: Zeitschrift für Frauenforschung, 1+2/1993, S. 90–109.

22 Götz Haindorff, Vater-Hunger. Die Bedeutung von Autorität in der Arbeit mit jungen Männern, in: Benedikt Sturzenhecker (Hrsg.), Leitbild Männlichkeit?! Was braucht die Jungenarbeit?, Münster 1996, S. 38–58.

23 Stat. Bundesamt 2004/BMFSFJ, Neue Wege für Jungs, S. 18.

24 S. a. Olaf Jantz / Susanne Brandes, Geschlechtsbezogene Pädagogik an Grundschulen, Wiesbaden 2006.

25 Carol Hagemann-White, Sozialisation: weiblich-männlich, Leverkusen 1984, S. 92.

26 MFB 2007, Bildungs-(Miss)-erfolge von Jungen und Berufswahlverhalten bei Jungen/männlichen Jugendlichen, S. 21.

27 Heike Diefenbach, »Bringing Boys Back«, in: Pädagogik, 6/2002, S. 938ff.

28 MANN.dat, Jungen und Männer in Deutschland 2007, S. 4.

29 BMFSFJ, Neue Wege für Jungs, S. 18.

30 MANN.dat, Jungen und Männer in Deutschland 2007, S. 5.

31 Bundesagentur für Arbeit / www.gehaltsvergleich.com

32 IAB-Werkstattbericht, doku.iab.de/werkber/2002/wb1702.pdf.

33 Ebd.

34 BMFSFJ, Neue Wege für Jungs, S. 24.

35 BMFSFJ, Neue Wege für Jungs, S. 38.

36 www.bmfsfj.de/bmfsfj/generator/RedaktionBMFSFJ/

Abteilung2/Pdf-Anlagen/allensbach-v_C3_A4ter,property=pdf,bereich=,sprache=de,rwb=true.pdf.
37 BMFSFJ, Neue Wege für Jungs, S. 38.
38 BMFSFJ 2007, Frauen in Führungspositionen.
39 http://doku.iab.de/kurzber/2006/ kb0906.pdf.
40 www.sweden.se; Gleichstellung in Schweden.
41 http://www.bitkom.org/de/presse/49914_45470.aspx.
42 Verein Frauen geben Technik neue Impulse e.V. – www.aviva-berlin.de/aviva/content_Buecher.php?id=1340.
43 Universität Helsinki, www.helsinki.fi/lehdet/uh/102i.htm.
44 www.hdm-stuttgart.de/ifak/publikationen/ifak/pdfs/Jungen_lesen_anders.pdf.
45 http://www.zeit.de/online/2005/45/iglu.
46 Z.B. Andreas Gößling, Der Sohn des Alchimisten, Würzburg 2007 ;-).
47 Christine Garbe, Mädchen lesen ander(e)s als Jungen, Unterschiedliche Leseinteressen und Leseweisen – Empirische Befunde und Erklärungsansätze, in: www.querelles-net.de/forum/forum10-2.shtml.
48 Ludger Wößmann, Letzte Chance für gute Schulen, München 2007, S. 42–67
49 «Die Zeit«, 31.10.2005.
50 www.eurydice.org.
51 Thomas Mößle, Matthias Kleimann, Florian Rehbein, Christian Pfeiffer, Mediennutzung, Schulerfolg, Jugendgewalt und die Krise der Jungen, in: ZJJ, Zeitschrift für Jugendkriminalrecht und Jugendhilfe, 3 (2006).
52 Guggenbühl, S. 128.
53 »Süddeutsche Zeitung«, 25.1.2008.
54 Polizeiliche Kriminalstatistik 2006.
55 www.ruhr-uni-bochum.de/fsmed/skripte/paediatrie/VorlesungKindesmissh 062004.ppt.
56 www.agsp.de/html/n516.html.
57 Gunter Neubauer/Reinhard Winter, Dies *und* das! – das Variablenmodell »balanciertes Junge- und Mannsein«, Tübingen 2001.
58 Benedikt Sturzenhecker/Reinhard Winter (Hrsg.), Praxis der Jungenarbeit, Weinheim und München 2006, S. 28.
59 Hierzu vgl. a. BMFSFJ, Neue Wege für Jungs, S. 66.